START

GAFA部長が教える

「最高の仕事領域《スイート・スポット》」をみつけよよう！

自分の強みを引き出す4分割ノート術

寺澤伸洋

世界文化社

はじめに

あなたは毎日をストレスなく楽しく過ごしていますか？　それとも仕事で苦労をしながら、頑張る毎日でしょうか？

「仕事で結果が出ない」、「自分に合う仕事が何かわからない」、「何をしたら成長につながるのか見えていない」、「人間関係が上手くいっていない」などなど、さまざまな悩みや問題を抱えている人は多いと思います。

一方で同じ仕事をしていても、キラキラと目を輝かせながら結果を出し、自信に満ちあふれながら、上司や同僚からの信頼を勝ち取っている順風満帆な人もいるでしょう。

この2者の違いは、一体どこから生まれてくるのでしょうか。

それは、「自分が得意なことを活かせるフィールドで働いているかどうか」から生まれています。野球やゴルフで最高の打点で球をとらえ、結果を出すことを「芯でとらえる＝スイート・スポット」と呼びます。ここから転じてビジネスの世界では、自分がもっている専門性やいついかなるときも不安なくこなせる自信、情熱がある領域を「最高の仕事領域《スイート・スポット》」と呼びます。最高の仕事領域＝自分の強みそのもの。スイート・スポットで仕事をすることこそ、今より不安や退屈を感じることなく、生き生きとエネルギッシュに、結果の出せる人生が送れることを実現します。そして、このフィールドで働くためには「自分は何が得意／好きか」ということをキチンと知っておくことが何よりも大切なのです。

これから紹介する「4分割ノート」こそ、僕自身がまさに「やりたいこと」を叶えることになった最強のメソッドです。自分が何をやりたいのか、実現するためのポジションはどこにあるのか、それを手に入れるために実践し、実際に結果を出しているスキルでもあります。

僕自身、新卒で入った会社で配属された経理時代や、次の会社で全然売れなかった営業時代、「ここは自分が輝ける場所ではない」と感じたときに、会社や部門を変わる選択肢があったことで、次のチャンスを手にすることができました。

また逆に、自分が輝ける場所（好き／得意なこと）は何かを理解した結果、

「人に教えること×文章を書くこと＝ビジネス系書籍を書くこと」

「分析をすること×業務効率化＝経営企画／戦略系の部門」

に携わる人生を目指し、実現に至りました。

プライベートでも、自分は「人と会うことが好きなんだ」と理解をしてからは、積極的に人の集まるイベントに参加し、その結果、外資系企業への紹介や、商業出版につながる電子書籍を書くきっかけなど、人生を変える大きなチャンスを得ることができたのです。


特に20代のビジネスマンだと、自分の資質がそのフィールドに合うかどうかあまり関係なく各部門に配属されがちです。そこがたまたま自分にものすごく合っていて、やりたいことで結果を出せる「最高の仕事領域《スイート・スポット》」にいる人もいれば、逆にまったく合わずに苦しんでいる人もいるでしょう。

人生の多くの時間を費やす「仕事」で苦痛を感じながら時が過ぎるのは、かなり大

きなロスです。ですから、はじめの配属は致し方ないとしても、そこから先の人生で「自分が働きやすく、最もパフォーマンスを出せる環境」を自分自身の手でつかみ取っていただきたいのです。

本書は、このように「何となく人生が上手くいってないな」と感じている方、また「自分はもっともっと輝けるはずだ」と思われている方、「そもそもやりたいことが見つかっていない」という方にも、自らの人生を好転させるためのヒントを盛り込んだ一冊です。

本書は次のような構成になっています。

1章、2章では、最適な場所でやりたいことを実現させる「自分の見える化」の方法について述べていきます。その方法がわかったところで、より実現性を高めるための具体的なスキルを3章から6章で紹介していきます。

具体的には、

本書の構成

CHAPTER 1

自分の見える化／自己理解の大切さ

あなたは何をしているときが幸せ？ 自信があることは？

CHAPTER 2

自分に向いている最高の仕事領域《スイート・スポット》を見つけよう！

あなたの「打ち込むべき」仕事領域がわかる
4分割ノート術で、やりがい×得意×不安がない働き方がわかる

置かれた場所で我慢してはいけない

いち早く最高の仕事領域に達するためのスキル

CHAPTER 3

物事の見方／考え方を変えよう

CHAPTER 4・5

仕事の進め方を変えよう

CHAPTER 6

人との関わり方を変えよう

CHAPTER 1

タイヤなくして、車は走らず
最強の武器は「自分の見える化」

この章では自分の得意なこと／苦手なこと、また好きなこと／嫌いなことなどをベースに、自分はどんなことで自信が持てるのか、どんなことなら人にも自分にも価値を見出せるのかをわかりやすく掘り下げていきます。

CHAPTER 2

自分に向いている〝最高の仕事領域《スイート・スポット》〟の見つけ方

変動の激しい時代に、変化を面倒くさがったり怖がっていては、成長も成功もありません。自分の「ポジションを知る」ことでどうやって上手く人生に成長を盛り込んでいけるのか、具体的なアクションを紹介します。

CHAPTER 3

ゴールを考えずに、スタートするな！

自分の居場所とやりたいことが合った状態になってはじめて、ゴールに向かって成長する余裕が生まれます。３章では、視野を広げ、視座を高め、視点を増やすことでやりたいことの実現性を高める思考法、「全体思考」でどこまでも成長を伸ばしていきます。

CHAPTER 4

仕事は「完璧主義」より「ほどほど主義」のほうが早くラクにゴールする

人は失敗を恐れ完璧な仕事を目指しがちですが、これが結果的にもっとも失敗につながりやすい間違いです。失敗ではなく「やり直し」と考え、完璧主義よりも、まずはチャレンジすること。ここではもっともゴールに最短でたどり着く「仕事のやり方」を掘り下げていきます。

CHAPTER 5

すぐパソコンに向かうな！「A3に手書き」せよ

この章では、第4章で紹介したA3ノート（A4ノート見開き）の書き方について、具体的なヒントをご紹介します。あなたしかできないことを成し遂げるために、大いに力になってくれるはずです。

CHAPTER 6

コミュニケーションは、「何を話すか」より「どう伝えるか」で決まる

自分が輝き続けるためには、まわりの人とコミュニケーションをとり、お互いの価値観や仕事への向き合い方、考え方を知ることで、信頼関係を築く必要があります。この章では、「人との関わり方」について具体的なスキルを見ていきます。

この本を読み終えたとき、心の中に秘めていた「変わりたい、成長したい」という思いを顕在化させ、人生を輝かせるために行動を変えていってくだされば、これほど嬉しいことはありません。

本書が、あまり成長を感じられないモノトーンの日々から、刺激と成長のあるカラフルな日々に変わるための一助になれば幸いです。

２０２１年５月　寺澤伸洋

CONTENTS

CHAPTER 2
自分に向いている"最高の仕事領域《スイート・スポット》"の見つけ方

CHAPTER 3 ゴールを考えずに、スタートするな!

CHAPTER 4

仕事は「完璧主義」より「ほどほど主義」のほうが早くラクにゴールする

CHAPTER 6

コミュニケーションは、「何を話すか」より「どう伝えるか」で決まる

CHAPTER 1

タイヤなくして、車は走らず

最強の武器は「自分の見える化」

この章では、
自分自身のやりたいこと、実力が発揮できる
環境が一致する＝最高の仕事領域《スイート・スポット》が
どういったところなのかを把握できる、
「自分の見える化」メソッドについて
みていきます。

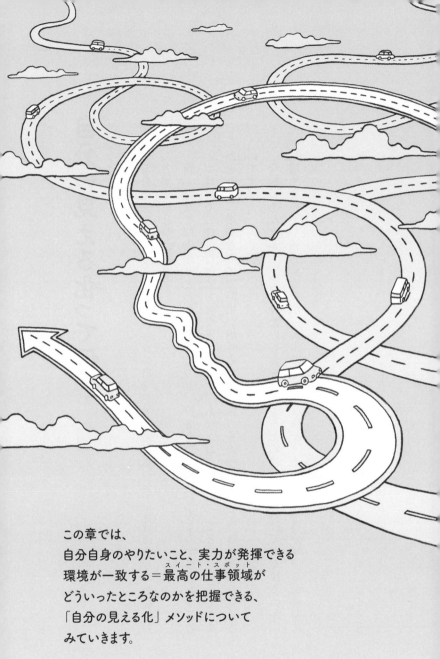

01

自分の見える化って何？

自分の人生を変えるためには、今の自分がどこにいるのか、自分自身のことをきちんと知ることが大切です。

なんとなくぼんやりとわかっているのと、自分を見える化してしっかり理解するのとでは、その後の行動に大きな差が出ます。あなたの「やりたいこと」が実現できるかどうか、最適な環境で結果が出せるかどうか。その差は、天と地ほど変わってくるのです。

今後、あなたが人生でやりたいことを実現するために、今の会社でがんばるのか、転職するのか、独立するのか、人生の選択肢は様々。そのあらゆる分岐で必ず必要になるのが「自分の見える化」です。

今まで様々な方とこうしたメソッドを使いながらお話をしてきましたが、そこで感じることは、多くの方が自分自身のことをよく知らないということです。

それは、「自分は何をしているときが幸せなのか、何が得意で、どんなことに自信を持っているのか」といったことを明確に把握できていないということ。改めてこの章を通じて、あなたの今までの人生経験も踏まえながら、自分自身のことを紐解《ひもと》いていきましょう。

02

なぜ、自分を知ることが思い通りの仕事につながるのか？

○どこに向かっているか、わからない車に乗っていないか？

「何年働いても年収は全然上がらないし、このままで大丈夫かな？」

「正直、この先ずっと働きつづけていけるのか不安だな……」

「今の職場の仕事で、自分が成長できているかよくわからない……」

もし今、あなた自身がこんなふうに仕事に不安を感じているなら、その気持ちを押し殺してフタをしないでください。気持ちにフタをして我慢をすることを選択してしまうと、自分の人生を変えるキッカケを失い、この先もズルズルと不安を感じながら生きていくことになってしまいます。

では、どうしてそんな不安を感じる状況に陥るのでしょうか？

それは、あなたがもっとも良いパフォーマンスを発揮できる場所にいないからです。

そして、もっとも良いパフォーマンスを発揮できる場所に自分を置くためには、自分

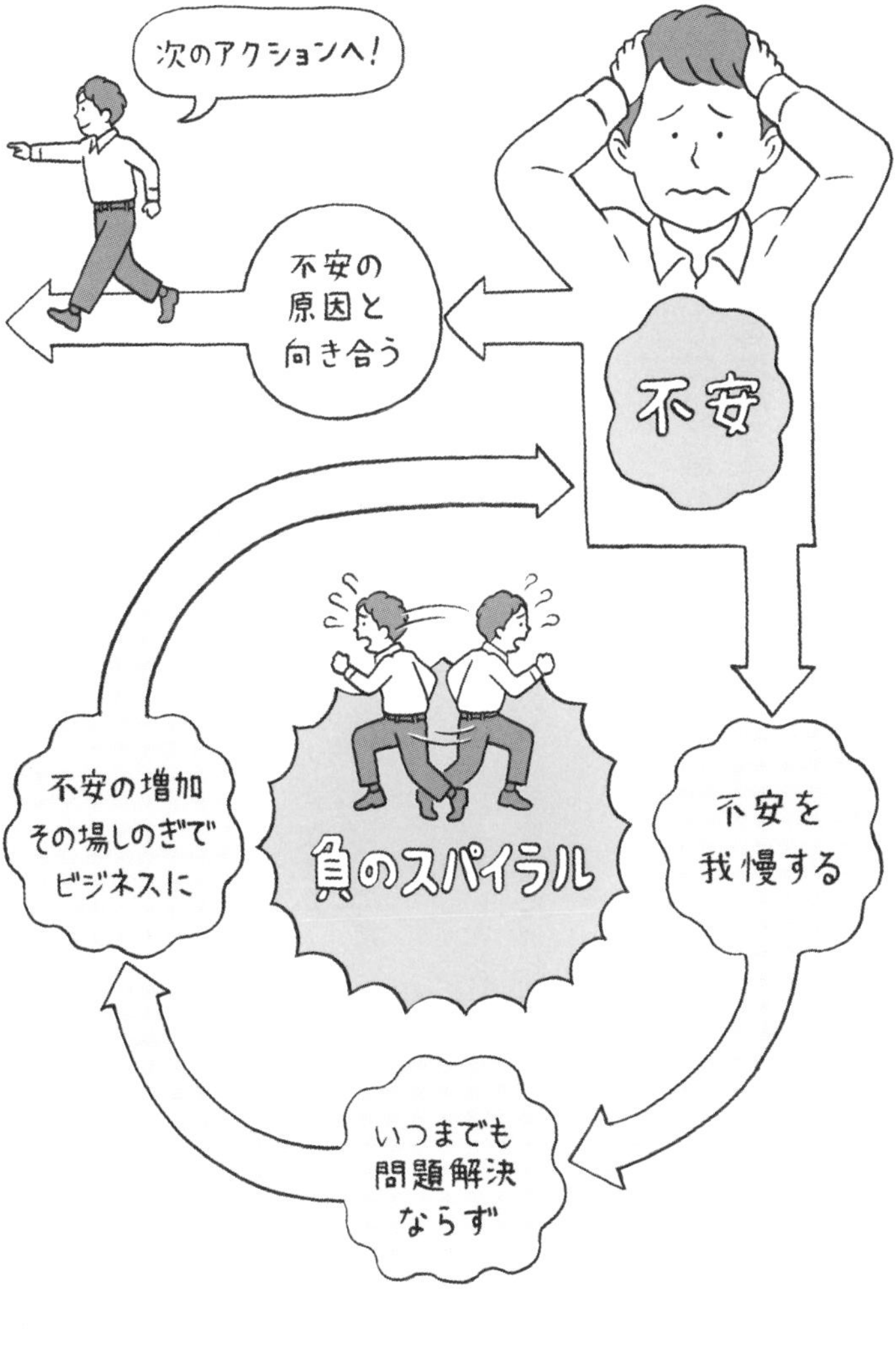
次のアクションへ!
不安の
原因と
向き合う
不安
不安を
我慢する
いつまでも
問題解決
ならず
不安の増加
その場しのぎで
ビジネスに
負のスパイラル

自身のことをきちんと知ることが大事なのです。

実は僕も大学卒業後、新卒でとあるメーカーに入社し、経理に配属となったのですが、結局仕事が苦痛すぎて何の目標も持てずに、10カ月で辞めてしまいました。

その後、日系の事務機器メーカーに転職したのですが、今度は営業職となり、これまた仕事が合わずに、またしても1年で辞めようとしたのです。結局そのときは企画職への異動という形で営業から離れることになったのですが、その企画職が僕にはものすごく合っていて、そこでようやく「仕事とは面白いものだったんだ」ということを知りました。

当時はただ経理や営業は合わないな、苦しいなと思っていただけでしたが、この歳《とし》になって改めて今振り返ってみると、自分のスキルや資質に合わない職種に就いていて、もがいていたんだなと感じます。

この経理や営業をしていた頃の僕のように、自分のスキルや資質を知らず、**どのような仕事が合うのかを理解できずにいると、ずっと漠然とした不安や不満を抱えたまま、前に進みたいのに、なかなかうまく進めなくなるのです。**

組織心理学者でニューヨーク・タイムズのベストセラー作家でもあるターシャ・

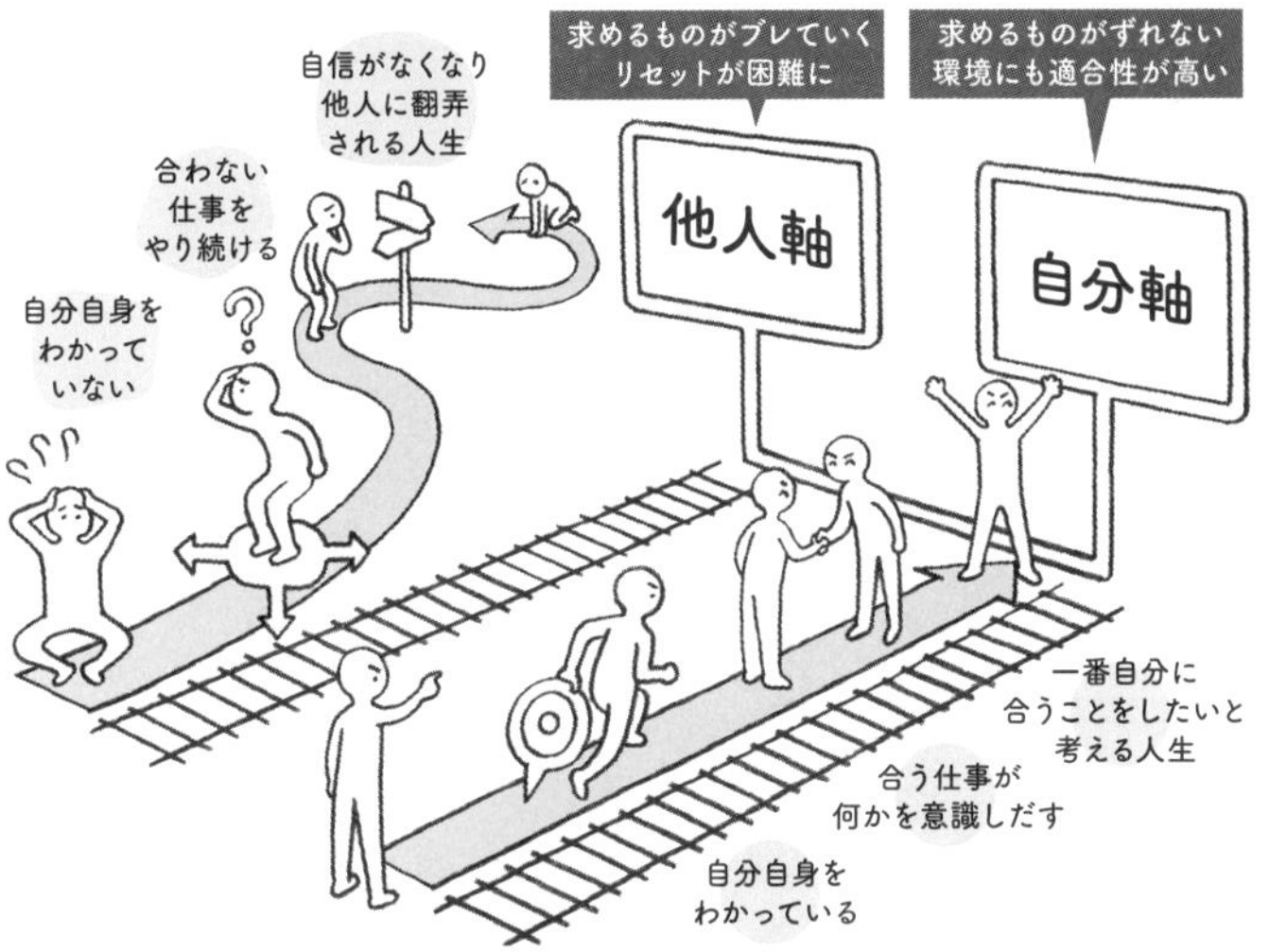

ユーリック博士の研究でも、興味深い数字が出ています。(1)

約95%の人が「自己をよく理解している」と思っていても、実際には10～15%の人しか、きちんとした自己認識ができていないことがわかった。さらに、最終的に「自己認識を高められた人」は、仕事でもプライベートでもパフォーマンスが上がり、より質の高いリーダーシップを発揮できるという結果が出た。

結局のところ、自分自身をよく知らず

注(1) Tasha Eurich,「Insight: Why We're Not as Self-Aware as We Think, and How Seeing Ourselves Clearly Helps Us Succeed at Work and in Life」,Currency, May 2, 2017

にいると、「自分に何が合っていて、何が合っていないのか」がわからず、最大限のパフォーマンスを発揮できないままその場所に居続けてしまいます。上司からは怒られ、結果につながらず自分に自信が持てなくなってしまう。**これが他人の意見に翻弄《ほんろう》される「他人軸」で生きるということです。**逆に自己理解ができていれば、「自分に合っていること、合っていないこと」の見極めができるため、**「今は大変でも将来は必ず、自分に一番合った場所で最大限の力を発揮するぞ」という「自分軸」の意識が生まれるのです。実力を最大限発揮できる、これこそが「最高の仕事領域《スイート・スポット》」になります。**

あなたという自動車はどんなパーツでできているのか？

突然ですが、あなたは、もし自分を自動車にたとえるとすると、どんな性能を持っていると思いますか？

自動車は、ハンドル、エンジン、カーナビ、タイヤなど、色々なパーツからできています。そしてタイヤひとつにしても、岩場に強いタイヤ、低燃費なエコタイヤ、雪道に強いスタッドレスタイヤなど、得意分野が違います。こうした様々な、多種多様なパーツが組み合わさることで一台の車になります。

このように、私たち人間も一人ひとり得意分野が違います。このようにあなたが**「どんなパーツでできていて、どういう分野を得意としているのか」を、分解して考えてみると、自分のことがよく見えてくるのです。**

たとえば、こんなふうにイメージしてみてください。

「あなた」という車の特徴は、次のような要素で構成されています。

- **カーナビ＝　人生のゴール＝「夢、目的」**
- **ハンドル＝　方向を決める＝「人生の方向性、価値観」**
- **タイヤ　＝　前に進むために使う＝「強み、スキル（得意なこと）」**
- **エンジン＝　前に進むための推進力＝「やりきる力、やりたい理由」**
- **ガソリン＝　前に進むためのエネルギー＝「思いの強さ」**

自分の車にどんな性能があって、どんなパーツを持っているかをわかった上で動かすのと、よく知らないままに動かすのでは、目的地にたどり着くまでの時間も行程も違いますし、そもそも目的地さえも変わってきます。

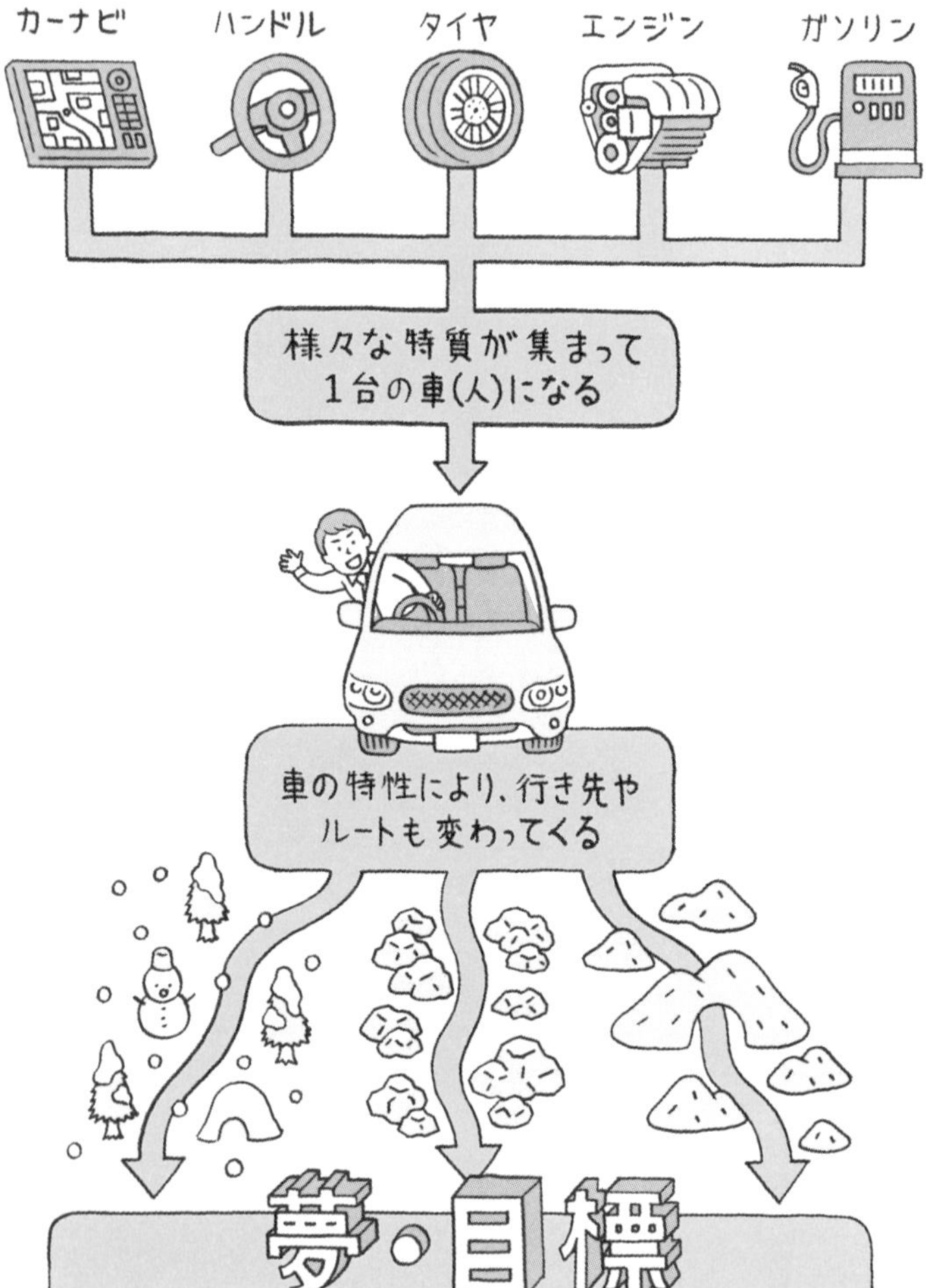
カーナビ
ハンドル
タイヤ
エンジン
ガソリン
様々な特質が集まって
1台の車(人)になる
車の特性により、行き先や
ルートも変わってくる
夢・目標

もしあなたが頑張っても成果が出なくて行き詰まっていると感じるなら、それは、スポーツカーで険しい山道を走ろうとしている状態です。あるいはハンドルが合わない高さのまま、無理な姿勢で運転しているのかもしれません。

ですから**自分には何が備わっていて、どんな適性があるのかをよく知る必要があります。**自分のことをよく知らずにいると、仕事や人生でも思うように前に進めません。悪路を走るスポーツカーのように、前に進むのに非常に苦労するのです。

自分を知ればもっとラクに走れる

自分のことをよく知らなければ、「人生において本当にやりたいこと」や「自分が一番パフォーマンスを発揮できる場所」は見つけられません。そして、やりたいことでなければ一生懸命にもなれません。

逆に一生懸命になれれば、何か必ず手応えがあるし、成長があります。とにかく、**まず自分と向き合い、やりたいこと、パフォーマンスを発揮できることを見つけることが大切です。**

やりたいことが見つからないからといって、バックパックを背負って、「自分探しの旅」に出るという行動をする必要はありません。目的もなく旅に出ても、自分のことがわかるようにはなりません。なぜなら、**自分を知るための手がかりはそうした旅の中ではなく、「自分の過去の経験のなか」にあるからです。**

毎日の日常生活のなかにも色々なヒントがあります。

たとえば、次のようなことを頭に思い浮かべてみてください。

- あなたが笑顔になれるのはどんなときか？
- あなたがやっていて一番楽しいことは何か？
- あなたが人生でやりたいことは何か？
- 逆に、あなたが人生でやりたくないことは何か？
- あなたが今までで、お金をかけてきたことは何か？
- あなたが今までで、時間をかけてきたことは何か？
- あなたが今までで、寝食を忘れて没頭したことは何か？
- あなたが今までで、人に喜んでもらったことは何か？

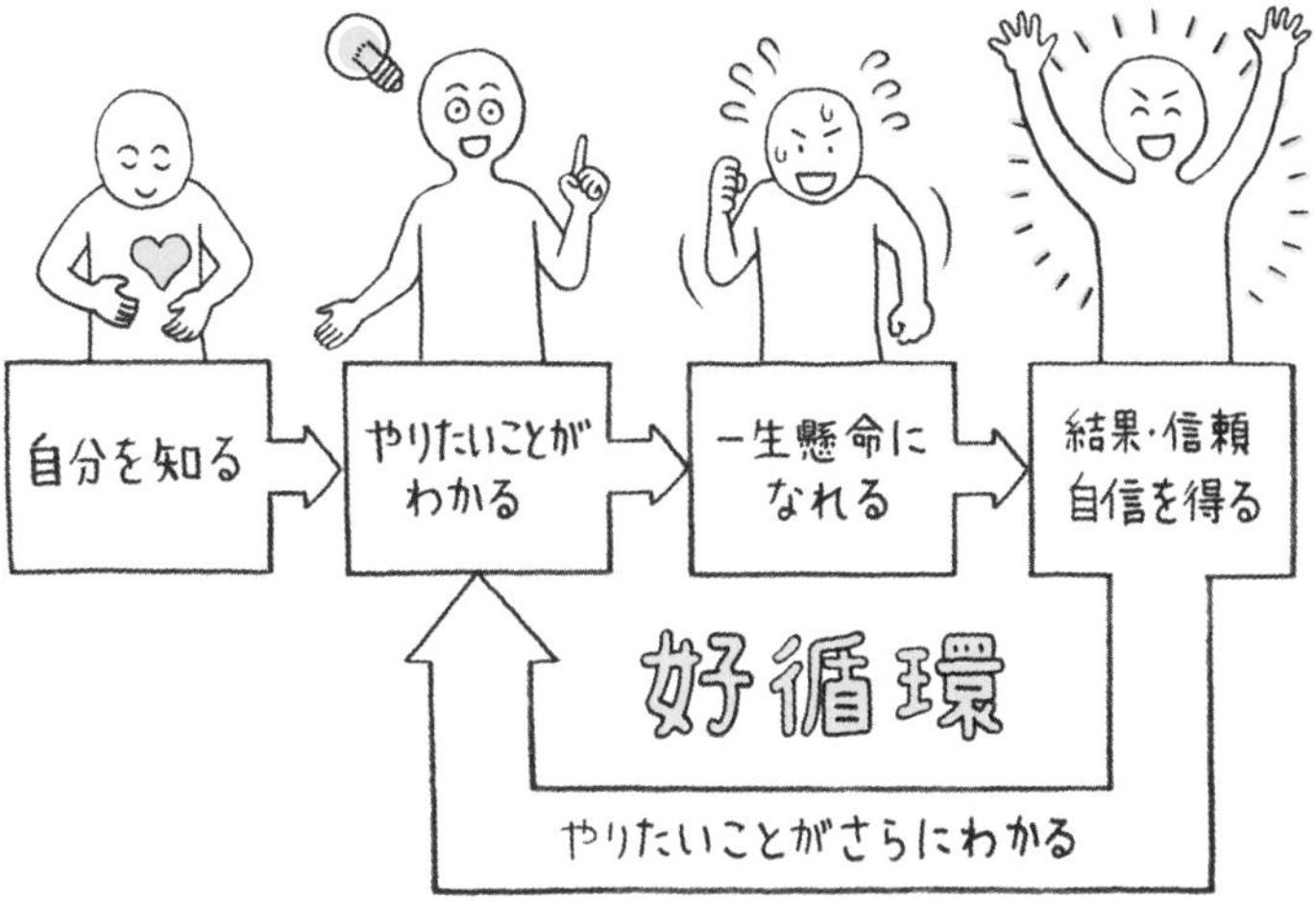

このように、徐々に**自分を「見える化」していくと、やりたいこと、得意な分野がわかり、そこを活かしてどんどん実力を発揮できる仕事ができる**ようになりますし、逆に「あ、ここが苦手だ」と、欠点にもすぐ気づけるため、改善も早くなります。フィードバックも素直に受け入れられるようになるのでスキル面でも好循環が生まれ、周囲からの信頼も得られるようになります。すると自信がついて、仕事にもやりがいを感じられるようになり、その結果、「やりたいこと」がクリアに見えるようになるのです。

「やりたいこと」があるフィールドに身を置けば、ムリに頑張らなくても、自然

に成長のレールに乗れて、仕事の成果も出やすくなり人生そのものが充実してきます。

これが、僕が考える「自分の見える化」のファーストステップです。

見える化をすると、「やりたいこと」が見えてくる

ここまで読んでくると、自分自身をもっと深く知ってみたいと思いますよね。ですが、ただむやみに自分を深掘りして「やりたいこと」を探そうとしても、すぐに見つけるのはなかなか難しいもの。ここではその深掘りの手法として、公式のひとつをご紹介します。

「CAN」＋「LIKE」＝「WILL」の公式

自分自身と向き合うための切り口はたくさんあります。そこでまず、次のように自分自身を深掘りすることで、自分のパフォーマンスを最大に発揮できる場所――最高の仕事領域《スイート・スポット》を見つけ出す必要があります。

「できること（得意なこと）」＝CAN
「好きなこと（熱中できること）」＝LIKE
から、「やりたいこと（自分の向かいたい場所）」へ＝WILL（意志）

「できること」と「好きなこと」が重なる部分こそ、「最高の仕事領域《スイート・スポット》」――つまり「自分が最もパフォーマンスを発揮」でき、「やりたいこと」ができる場所なのです。

そしてこの公式を通じて得た最高の仕事領域《スイート・スポット》は、これからの時代を自分らしく不安なく生きていくための、揺るがない「土台」になります。

自分をよく知れば知るほど、このように、キャリアの可能性も人生での幸福度も最大化できるのです。たとえ流動化する時代でもブレることなくパフォーマンスを発揮できれば、仕事だけでなく人生も激変することでしょう。

それでは次項より、あなた自身を「見える化」して、自分の可能性を広げるこの公式の使い方についてご紹介していきましょう。

03

やりたいことがわかる4分割ノートの作り方

難しく考えずに自分の今までを書き出してみる

さて、ここからは「見える化」の実践編に入っていきます。

今の自分と向き合って適性を整理し、強みを可視化していくことで、最終的にあなたが心から「やりたいこと・やりつづけたいこと」が見えてきます。

そのための、一番シンプルな方法が、4分割ノートを作成することです。これは、自分の立ち位置をみつけるための強力なツールになります。そもそも4分割マップとは、マーケティング戦略を考えるときに使うツール・ポジショニングマップを応用したものです。ポジショニングマップは、縦軸と横軸の2つの軸から、競合商品との差別化ポイントや訴求ポイントを見つけるために使うものです。その商品ならではの特性や強みを見つけて、どの部分を打ち出せば差別化できるかを見極めるのに役立ちます。たとえばビールなら、次のような2軸で作ります。

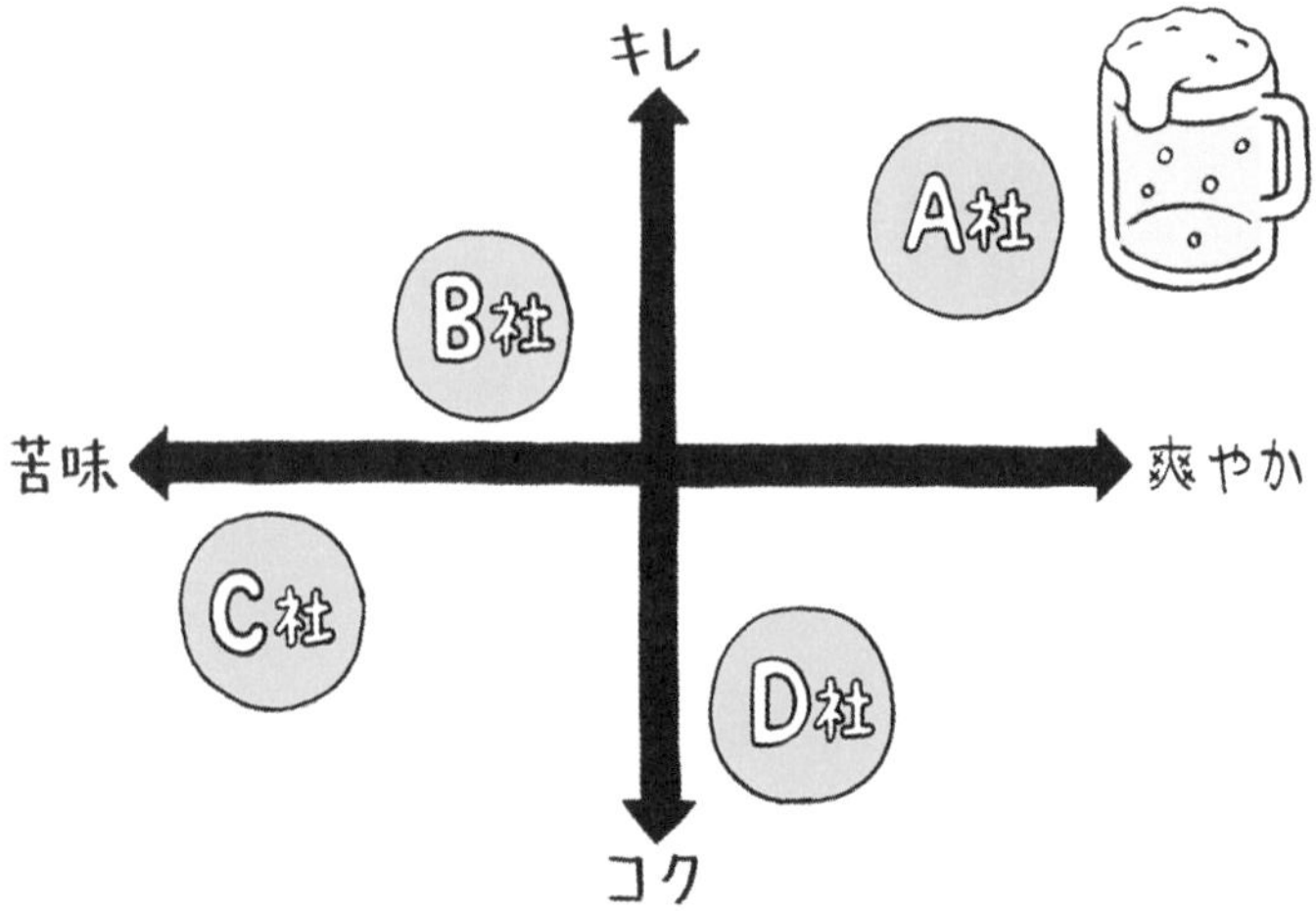

あなたの好きなビールがどのメーカーから出ているか大まかにわかるはずです。これをキャリアの分析に使うのが4分割ノートです。**あなたの「強み」はどこにあるのか、もっとも実力を発揮できるジャンルはどこなのか、が見える化できます。**では、先ほどの「CAN」+「LIKE」=「WILL」の公式の考え方にもとづき、あなたの今の仕事の立ち位置をノートにマッピングしていきましょう。タテ軸を好き／嫌い、ヨコ軸を得意／苦手とし、紙全体に4分割した十字を書いていきます。自分の経験値を書き込んでいくことで、あなた自身の特性を浮かび上がらせていきます。

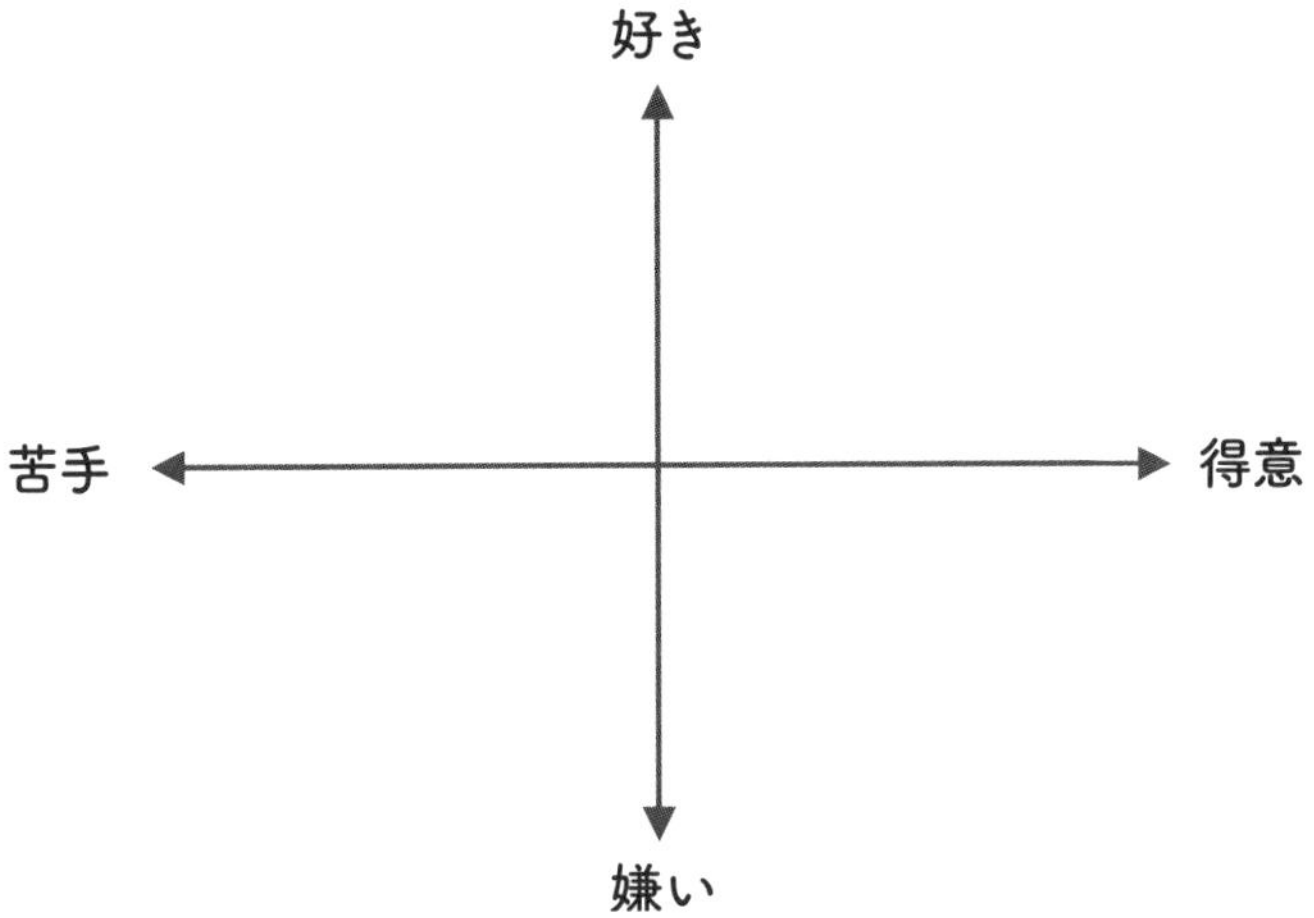

　とはいえ、今まであまりきちんと考えてこなかった自分の〝得意〟や〝好き〟あるいは〝苦手〟や〝嫌い〟といったことをいきなりサラサラと4分割したマップに落とし込むのは難しいものです。
　実際、「この4分割マップを作ってみてください」とアドバイスをすると、たいていの方が、はじめは「う〜ん……、私にはここ書けるようなことはそんなにないかも」と戸惑うのです。

　そこで僕は、いきなりマップを書く前にA3の紙（A4ノート見開き）とペンを用意し、次の順番で考えることをおすすめします。

①　ノートに、自分の経験してきたこと

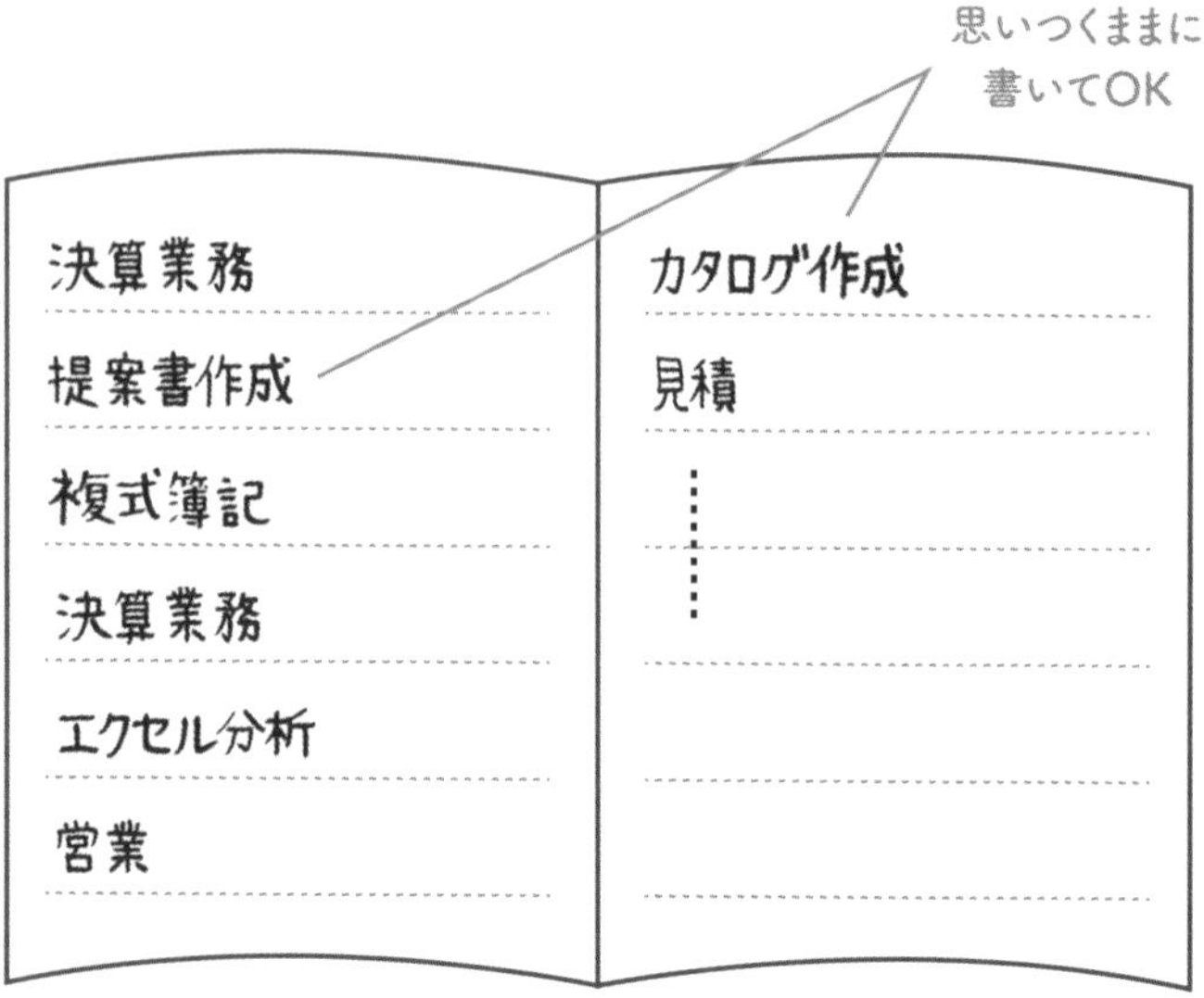

を、思いつくままに箇条書きする

② その項目をもとに、次の見開きに十字を書いて4分割にしたマップに落とし込む

思いついたものを4分割にしたマップのどこに置くかを同時に考えるのではなく、一旦、**1枚目に自分の思いつくままに経験を書いていき、そのあとにそれらを4分割にしたマップのどこに置くかを考えてみてください。**このように作業を2段階に分けることで、経験の洗い出しがかなりスムーズに進むようになります。

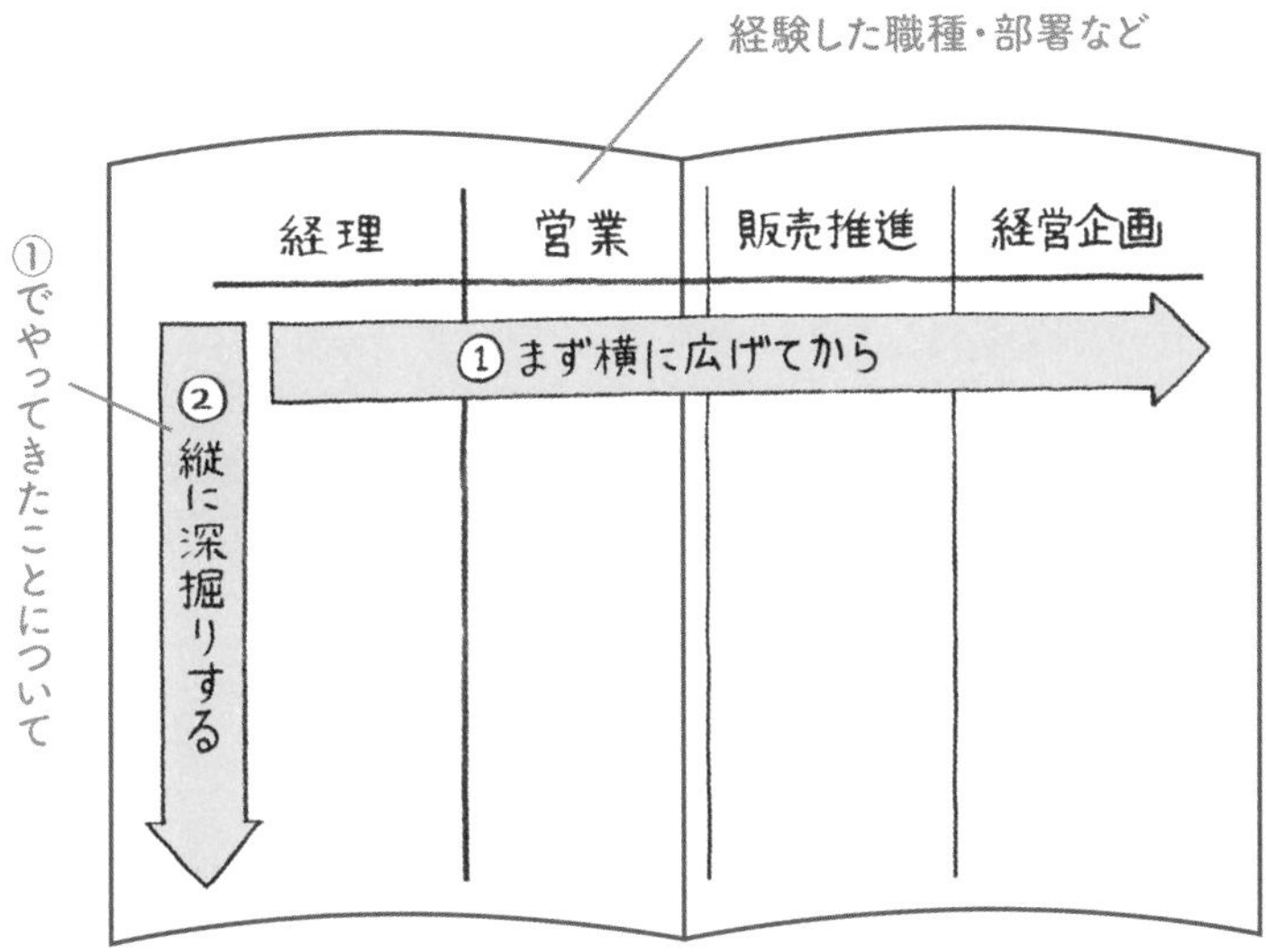

経験してきたことを箇条書きにするコツ

まず、先ほどの準備①、Ａ３（Ａ４ノート見開き）を用意して、とにかくひたすら、自分の経験してきたことや、やってきたこと、できることを箇条書きで書き出していきます。

「そう言われても、頭のなかが真っ白で何も浮かんでこないんですけど……」という人もいるでしょう。そういうときは、次のように考えてみてください。

たとえば会社の仕事であれば、「何をやってきたか」をいきなり考えるのではなく、まずあなたが経験してきた「職種」を横に広く書き出していきます。

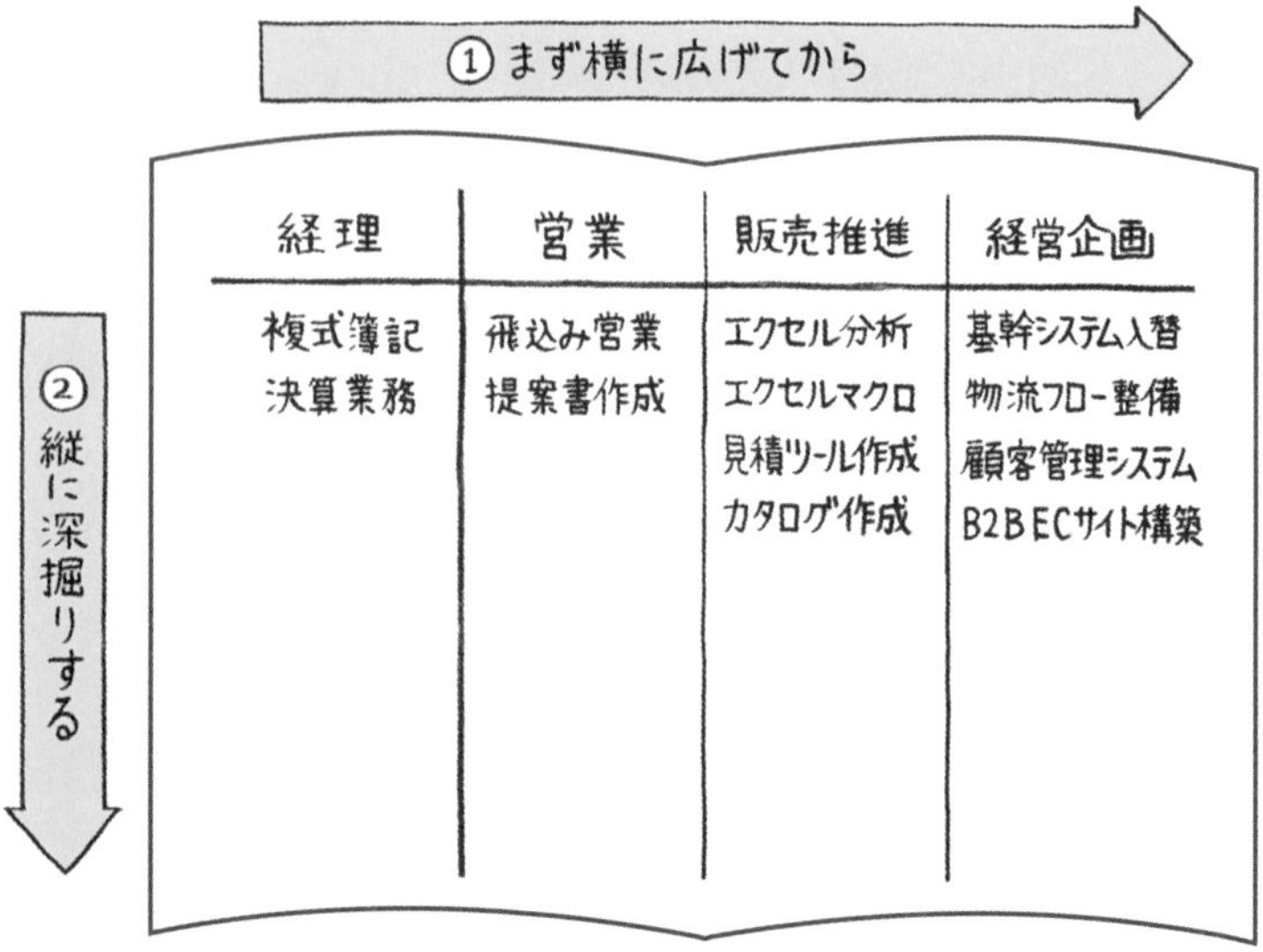

①まず横に広げてから

②縦に深掘りする

経理	営業	販売推進	経営企画
複式簿記 決算業務	飛込み営業 提案書作成	エクセル分析 エクセルマクロ 見積ツール作成 カタログ作成	基幹システム入替 物流フロー整備 顧客管理システム B2B ECサイト構築

「職種」には、経理、営業、マーケティング、経営企画、人事、IT関連、販売など、あなたがこれまでに経験をした部署名や部門などが入ります。

次に、その部門で実際にやったことに考えを縦に巡らせると、思った以上にたくさん項目が出てくるはずです。

パワーポイントを使った提案書や企画書の作成、エクセル作業、会議のアレンジやファシリテート、お客様やほかの部門とのネゴシエーション……などなど、職種から細かく展開していくと、たくさん書けることが見つかるはずです。

こうやって大きなカテゴリ（ここでは「職種」）から徐々に小さな括《くく》りに分けて

具体化していくことを、ロジカルシンキングの手法で「要素分解」と言います。この要素分解が使い慣れてくると、自分自身の深掘りもぐっとやりやすくなります。

次に、仕事に限らず、プライベートに関しても、同じように自分がこれまでにやってきたことを書き出していきます。たとえば「歌を歌うのが好き」、「絵を描いていると時間を忘れる」であったり、逆に「大人数のパーティーは疲れるから苦手」など。こちらは、「楽しい／心地いいと感じること」や「疲れる／避けたいこと」という気持ちにフォーカスして書いてみると、より自分のことがよく見えるはずです。

4分割ノートに落とし込んでみよう

さて、ここまでに箇条書きした項目を、今度はノートに4分割したマップに置いていき「4分割ノート」を完成させていきます。42ページのような図をイメージしてください。

やってみたけど、全然スカスカだった……という方も心配はいりません。

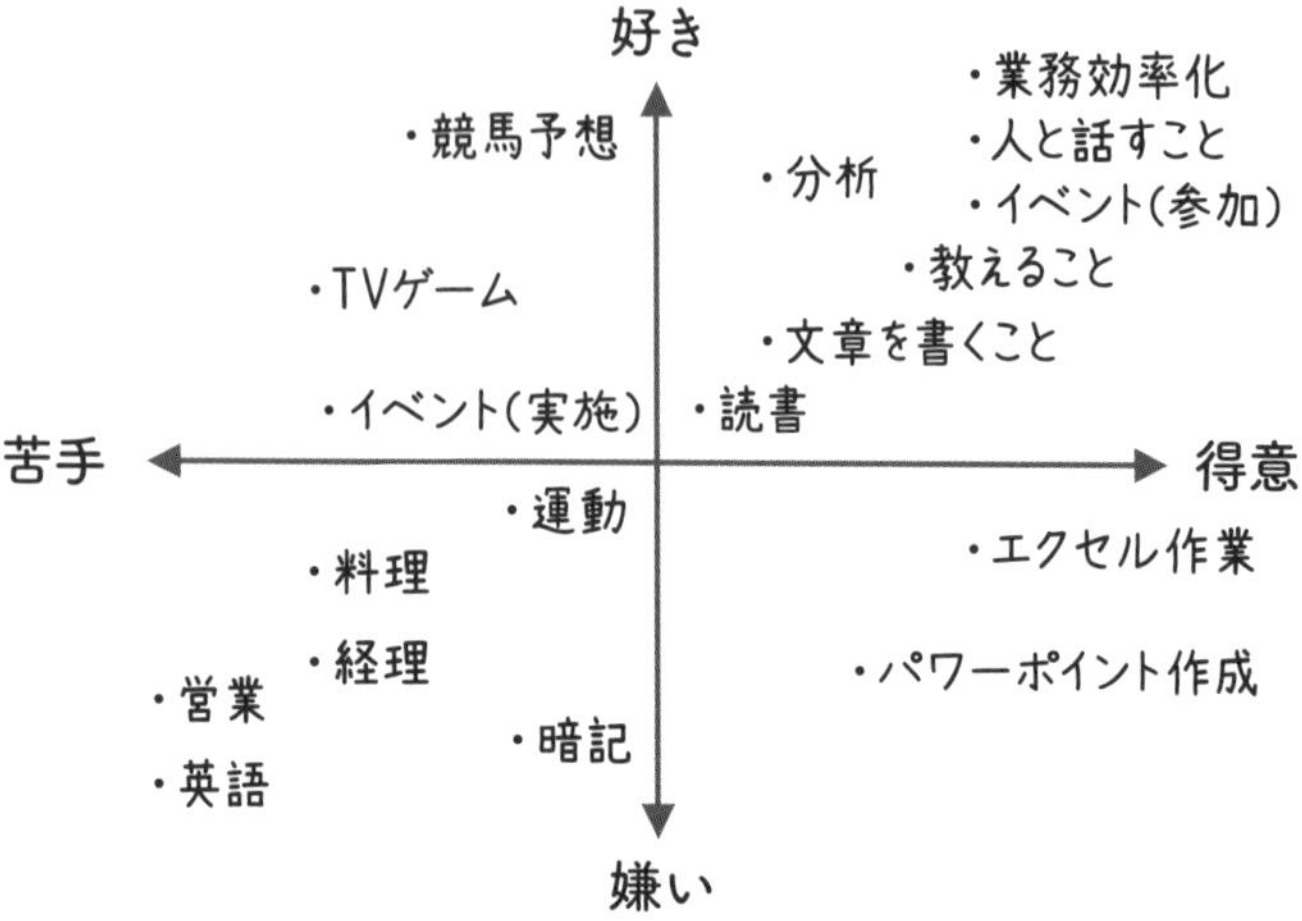

この4分割ノートは、**一度で完璧に仕上げる必要はなく、長い人生をかけて〝たったひとつ〟自分が納得できるものができればいいのです。**

「あ、これも好きだわ」とか、「あー、これはちょっと苦手だった」と、ふっと**思い出したことをいつでも追記して、日々ブラッシュアップしてください。**あなたの4分割ノートは、いつでも完成途上なのです。

また、この2軸はボールペンで、中身は鉛筆で書くことをおすすめします。

たとえば、はじめはゴルフが初心者であんまり面白くないなと思っていたために嫌い／苦手に置いていたのに、誘われてやっていくうちに上手くなって面白くなり、好き／得意になるかもしれません。人生何が起こるかわかりませんし、過去ではなく「今」の自分の感覚が常に正です。いつでも自分の状況しだいで書き直せるようにしておきましょう。

このように、できるところから焦らずに、着実に自分を「見える化」してください。

あなたの資質を深掘りする

さて、ある程度4分割にしたマップがかたちになってきたら、次にあなたの「資質」を深掘りしていきます。

たとえば「コーヒーが好き」と4分割にしたマップに書いたとします。

「コーヒーが好き」と一口に言っても、コーヒーを飲むのが好きなのか、コーヒーを淹《い》れるのが好きなのか、それともコーヒーを飲める空間が好きなのか、コーヒーの豆自体に興味があるのか、で意味合いがかなり違ってきます。

このように、「コーヒーが好き」を深掘りしていくと、さらにあなたの本質に近い部分が見えてきます。

もし「淹れる」のが好きな場合は、自分のために淹れるのが好きなのか、誰か他の人に淹れてあげるのが好きなのか、によっても違ってきます。

自分のためにコーヒーを淹れる時間が格別で、一人でリラックスできるひとときを大切にしたいというタイプの人もいるでしょうし、誰か大切な人に淹れてあげて、コーヒーのおいしさを共有するのが幸せというタイプの人もいるでしょう。

もちろん「コーヒーが好き」だけですべてが見えてくるわけではないですが、あなたが「〇〇が好き」である理由の、「なぜ?」「どのように?」「どんなときに?」が明らかになると、「好き」の根本にあるあなたの「資質」が見えてきます。

そして、そこで見えてきた資質こそが、「やりたいこと／やりつづけたいこと」の本質になるべきものなのです。

こうして**見えてきた本質は、今後のキャリアや人生プランを考える上でも、何を次に選ぶかを決めるときの重要な判断基準になります。**できるだけあなたの資質に合う選択肢を選んでいくほど、ストレスなく成長でき、結果や幸せにつながる活躍ができます。

コーヒーが好き
何が好き？
飲むのが好き
淹れるのが好き
CAFE
カフェの
雰囲気が好き
何で好き？
COFFEE
いろんなコーヒーの
飲み比べが楽しい
淹れ方の勉強と
工夫が楽しい
店員さんと
話をするのが楽しい
大きな資質の
違いが出てくる
コーヒーソムリエ
になる
コーヒーメーカーの
研究員になる
CAFE
自分の
カフェを開く

○自分で気づいていない「自信」が見えてくる

このようにあなたの経験してきたことを「見える化」していくと、想像以上に自分のいろんな側面が見えてくると思います。なかでも、**普段気づけていない自分の自信がある「得意」を発見できるのが、この4分割ノートの一番大きな利点です。**

この4分割にしたマップでは、**好き／嫌いにかかわらず、得意であれば「自信を持っていい領域」と言えます。**また、**得意／苦手にかかわらず、好きであれば「楽しめる領域」**と考えられます。

そして、この自信を持っていい領域で活躍しているにもかかわらず、自分に自信を持てていない人があまりにも多いのです。

最近、友人や後輩から仕事の相談を受けることがありますが、いつも驚くのは、多くの人が自分の持っている能力に気づいていながらも、自信を持てていないということです。

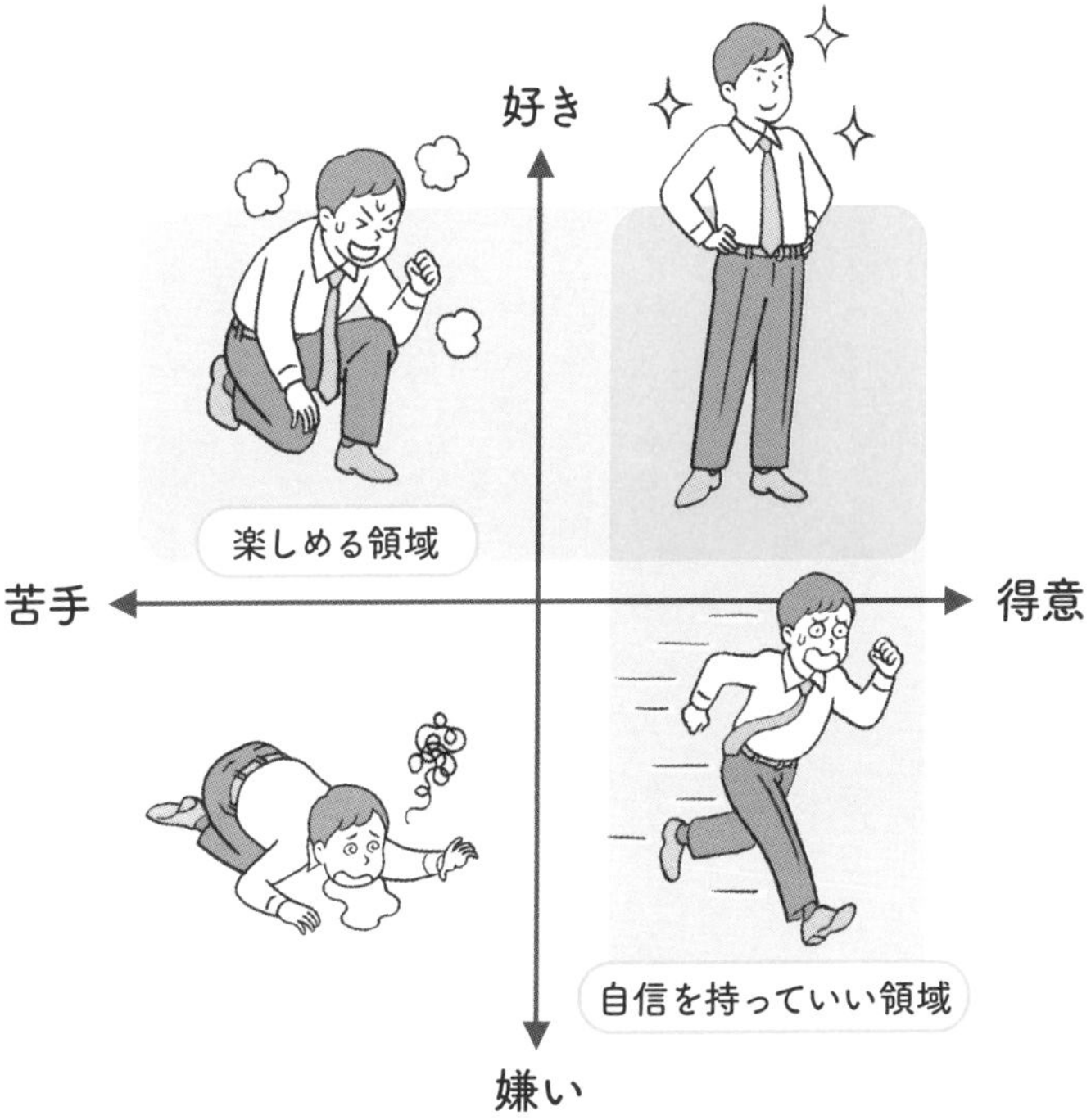
好き
楽しめる領域
苦手
得意
自信を持っていい領域
嫌い

たとえば、このあいだ話した営業職の友人は、いつも転職の相談を受けるたびに「私なんて売りにできることが何もないんです」と言っていました。でもよくよく話を聞いていくと、なんと彼女は、中国に出張して死にものぐるいで英語や中国語で交渉した結果、今まで百万円／月だった売上を、数カ月で一億円／月の売上にしたというのです。それなのに「自分に自信がない」と言うのはなぜでしょうか。

客観的に考えれば、それほどの営業力と交渉力、そして語学力は誰にでもあるものではないですし、彼女の能力は十分高いのですが、本人はそこにまったく気づいていないわけです。

特に入社してから一度も転職していない人は、このように「自分が自信を持っていない領域」に気づいていない傾向があり、いつももったいないなと感じています。

この原因は、「他者と比較できないから自信を持てない」という側面に加え、「自分にとっては、まるで息を吸って吐くのと同じようにできて当たり前のことなので、それがすごいことだということに気づかない」という側面もあります。

4分割ノートを作成すると、このように**当たり前すぎて自覚できていなかった自分の能力に改めて気づき、自信を持つことができるのです。**

誰でも「強み」にできるものがある

多くの人は、「自信がない」に加えて、自分の「強みがわからない」と言います。先ほども言ったように、「強み」というのは他者との比較からくる言葉なので、「他者より少しでも劣っていると、強みだと言えない」と考えている人が非常に多いのです。でもそれは違います。それを言い出すと、一番でないと「強み」と言ってはいけないことになりますから。

「自分の強み」が何かわからないと感じている人は、ぜひ「自分の強み」を「自分が自信のあること」に置き換えてみてください。「強み」が他者との比較の言葉である一方、「自信」は自分のなかだけで完結する主観的な言葉ですから、これだと話がしやすいはずです。

自分の強みを聞かれて詰まる人が、自分に自信のあることを聞かれたらスラスラと答えられる。本当に不思議な現象ですが、それだけ世の中の人が「強み」という言葉に内包される「他者比較の呪縛」にとらわれているのです。

このように、「自分の強み」＝「自分の自信があること」と考え直したときに、ここまで作成してきた4分割ノートが、実は自分の強みまで明らかにしてくれるツールであるということに気づくはずです。

あなたには強みがないのではなく、何を強みと表現していいか気づいていないだけなのです。

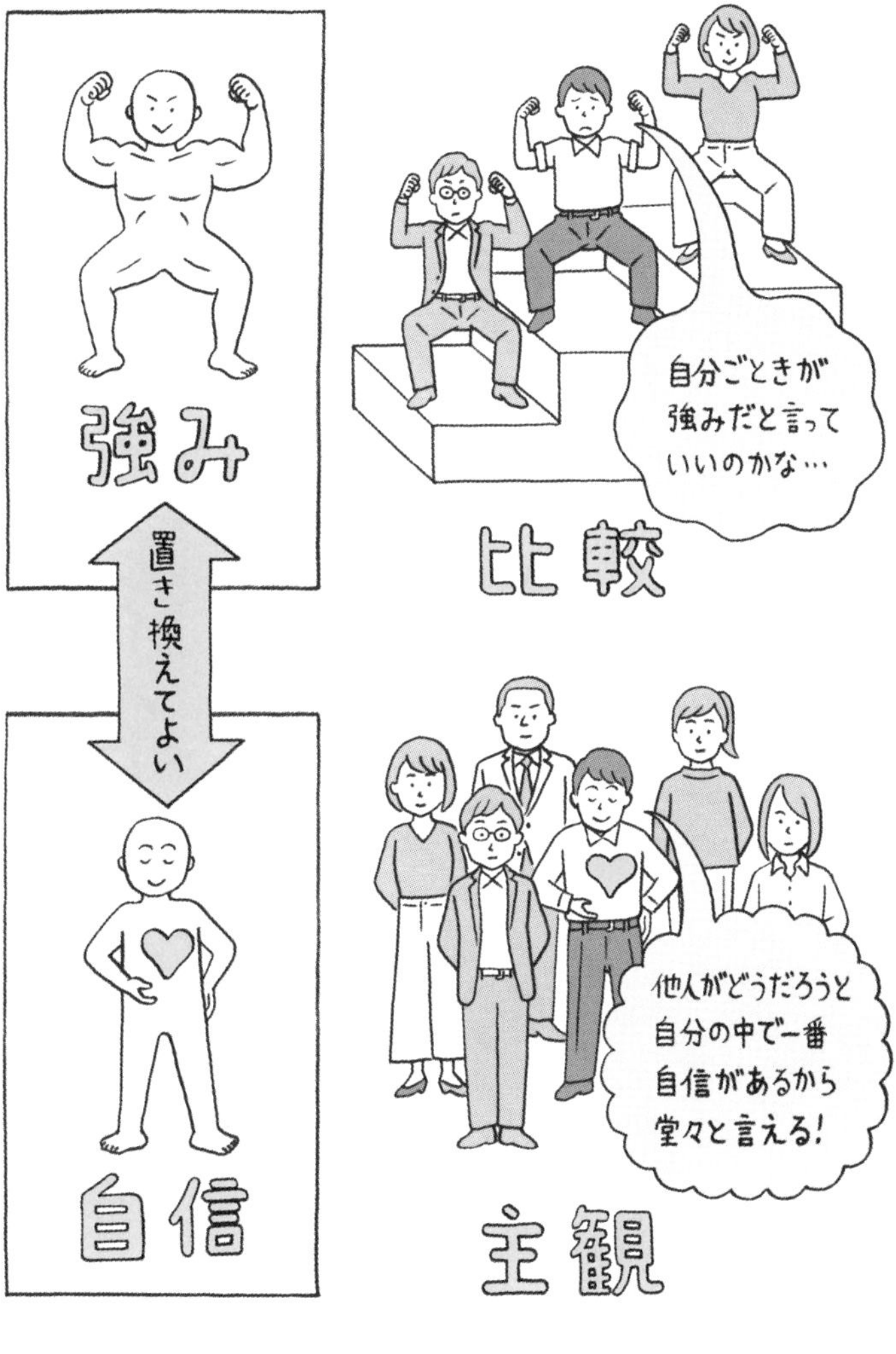
強み
置き換えてよい
自信
自分ごときが
強みだと言って
いいのかな…
比較
他人がどうだろうと
自分の中で一番
自信があるから
堂々と言える!
主観

04

タグづけで自分だけの〝強み〟をイメージ化する

○ブランディング化で自分の得意を発見

企業や商品にとって、「ブランディング」はなくてはならない戦略です。MUJIやユニクロ、アップルやスターバックスなど、名前を聞いたりロゴを見たりすれば、多くの人が似たような共通イメージを即座に抱くことができるのが「ブランディング」です。

企業だけでなく個人でも、同じように「経理業務にやたら詳しい○○さん」、「○○さんはソムリエの資格とったらしいから、ワインのことなら彼に聞けばいいね」といったように、「△△のことなら○○さん」と言われる人がいます。これが「個人のブランディング」なのです。

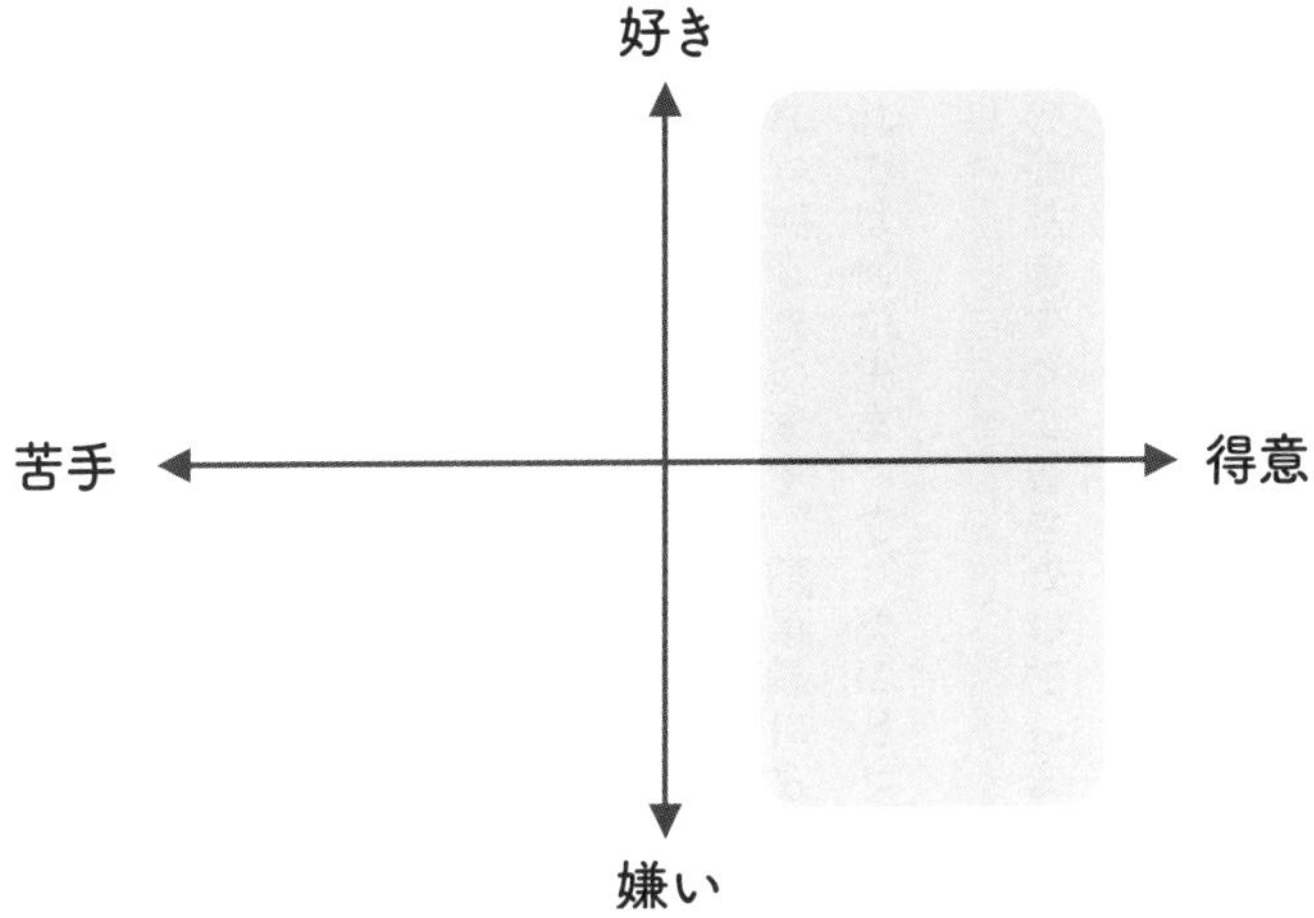

自分の価値をタグづけする

さて、自分をブランディングするために、ここまでの4分割ノートを作成するなかで見えてきたあなたの「得意なこと」や「自信のあること」を中心に見ていきましょう。

4分割ノートでいうと、上の図の黄色の領域です。自分にとって、もっとも自信を持って活動でき、他者にとっても価値となる領域になります。

あなた自身の4分割ノートを見ながら、この領域にある項目を、自分のなかでも特に特徴的なポイントとして抽出していきましょう。この作業を「タグづけ」と呼びます。

このタグは、仕事の内容で言うと、

「僕はパワーポイントで提案書を作るのは結構得意ですよ」
「僕はこの商品を売らせたら、結構イケてますよ」
「経費処理のスピードなら自信あります」……など。

プライベートな内容で言うと、

「たいていの料理は美味しく作れます」
「毎日○km走ってます」
「○○のことならめっちゃ詳しいですよ」……といった感じでしょうか。

そしてそのタグのうち、自分の「価値」としてまわりに認知してもらいたいイメージを、積極的に外に向かって発信していくことが重要です。

自分自身が「○○が得意だ。○○ができる」と公言していくことから、自己ブランディングは始まるのですから。

ちなみに、このときに必要な気持ちは「言うだけタダ」。自分が何に自信を持っているかなんて自分の自由なので、あまり重く考えずに自己ブランディングの一部にしてしまえばいいのです。

ブランディングの重要なポイントは次の3つ
①自分の〝想い〟や〝強み〟を正しく理解すること
②自分の強みを価値としてとらえる
③自分の価値をいかにイメージとして伝えられるか

社内でのキャリアアップをはかるにせよ、転職や起業を考えるにせよ、こうした**タグづけは、今後の人生設計をする上で、あなたの信用や価値を高めていくために欠かせない考え方になってきます。**

○自信と価値を作りだす2大公式

「そうは言っても、外に向かって言えるほど、自分のタグに自信がないです……」という人も多いでしょう。そんなあなたに、次の2つの公式をご紹介します。

自信創出の公式
・範囲をせばめてナンバーワン
自己価値創出の公式
・タグのかけ算でオンリーワン

この公式は2つのフェーズに分かれています。
まずは「自分のタグがナンバーワン、もしくはそれに準ずるくらいのものである」と自分で自信を持つためのフェーズ1。そしてもうひとつが「そのタグを上手く組み合わせて、自分らしい価値を創出していく」ためのフェーズ2です。

フェーズ1　小さなナンバーワンを目指そう

フェーズ1では、**「自分のタグがナンバーワン、もしくはそれに準ずるくらいのものである」と自信を持つことから始めます。**

世界や日本、各都道府県のナンバーワンになるのは難しいですし、目指したからといって誰もがなれるわけではありません。しかし、そこからさらに今所属している会社や、その会社の中で所属している部署やチームにまで比較対象を狭めていけば、ナンバーワンを目指すことができます。

僕の経験上、比較対象が広かろうが、狭かろうが、努力をして一番を取ったときの喜びや感動に大きな差はありません。そして、その感動は必ずこれからの人生の自信につながります。ですから**まずは身近な環境で、小さなナンバーワンになることを目指してみてください。**

フェーズ2　「タグのかけ算」でオンリーワンを作る

フェーズ2では**「タグを上手く組み合わせて、自分ならではの価値を創出してい**

く」ことを考えていきます。

たったひとつのタグで勝負をすると、かなり多くのライバルがいるでしょう。ですが、複数のタグをかけ合わせてみると、一気にライバルの数が少なくなります。

たとえば、

「ただのアイドル」よりも「歌って踊れるアイドル」、

「ただのＭＣ」よりも「英語が話せるＭＣ」、

「ただの営業」よりも「システムの知識がある営業」、

「ただのイケメン」よりも「料理のできるイケメン」……など。

もちろん、かけ合わせるスキルの数が増えるほど、ほかの人との差別化が進み、稀《き》少《しょう》価値が上がります。つまり、チャンスが増えるということです。

とはいえ、「人生においてタグをひとつ見つけるだけでも大変なのに、組み合わせるなんて簡単に言うけど、相当難しい」のは間違いありません。

しかし、「難しい！　できない！　そんなタグない！」と言っている人に限って、ある特徴があります。それは、４分割ノートを振り返らずに、いきなりタグの組み合わせから考えているということです。

範囲をせばめてナンバーワン

範囲をせばめれば、自分が一番になれる領域が見つかる！

タグのかけ算でオンリーワン

タグひとつだけだとその道に長けたプロはたくさんいるが、
複数のタグを持つ人はどんどん少なくなっていく！
ヒントはすべて4分割ノートのなかにある！

ここまでに、あなた自身の得意／苦手や、好き／嫌いを4分割ノートにまとめてきました。ヒントは必ず、この4分割ノートのなかにあります。逆に言うと、**4分割ノートのなかに書かれていないことは、絶対にあなたのタグにはなりません。**それなのに、多くの人が、いざ自分のタグのかけ算をしようとすると、これまでに書いた4分割ノートを横に置いて、白紙の状態から自分のタグの組み合わせを考えようとしてしまうので実行に移せないのです。

新しくタグを追加するときも、4分割ノートに立ち返って追加をしてから、そのタグをふまえて組み合わせを考えてください。今まで考えたり、作ったりしてきたものを、すべてつなげていくのです。

05

「苦手なこと」からは全力で逃げろ

○苦手／嫌いなものからは全力で逃げろ

ここまで4分割ノートを作成して「自分の見える化」を進めてきましたが、まだ「自分の得意なこと」や「自信のあること」が見えてこない人もいるでしょう。それも無理はありません。この4分割ノートは、長い人生をかけて、作り上げていくものですから。

そんなときに、次にとるべき行動は、**「苦手なことや嫌いなことから、とにかく全力で距離をとる人生にすること」**です。改めてここであなたの4分割ノートを確認してみてください。この「避けるべき領域」に書いてあることに近づかないことが、人生を楽しく過ごしていくために重要なのです。

苦手なことや嫌いなことは、それを得意／好きな人と比べると、たいていレベル

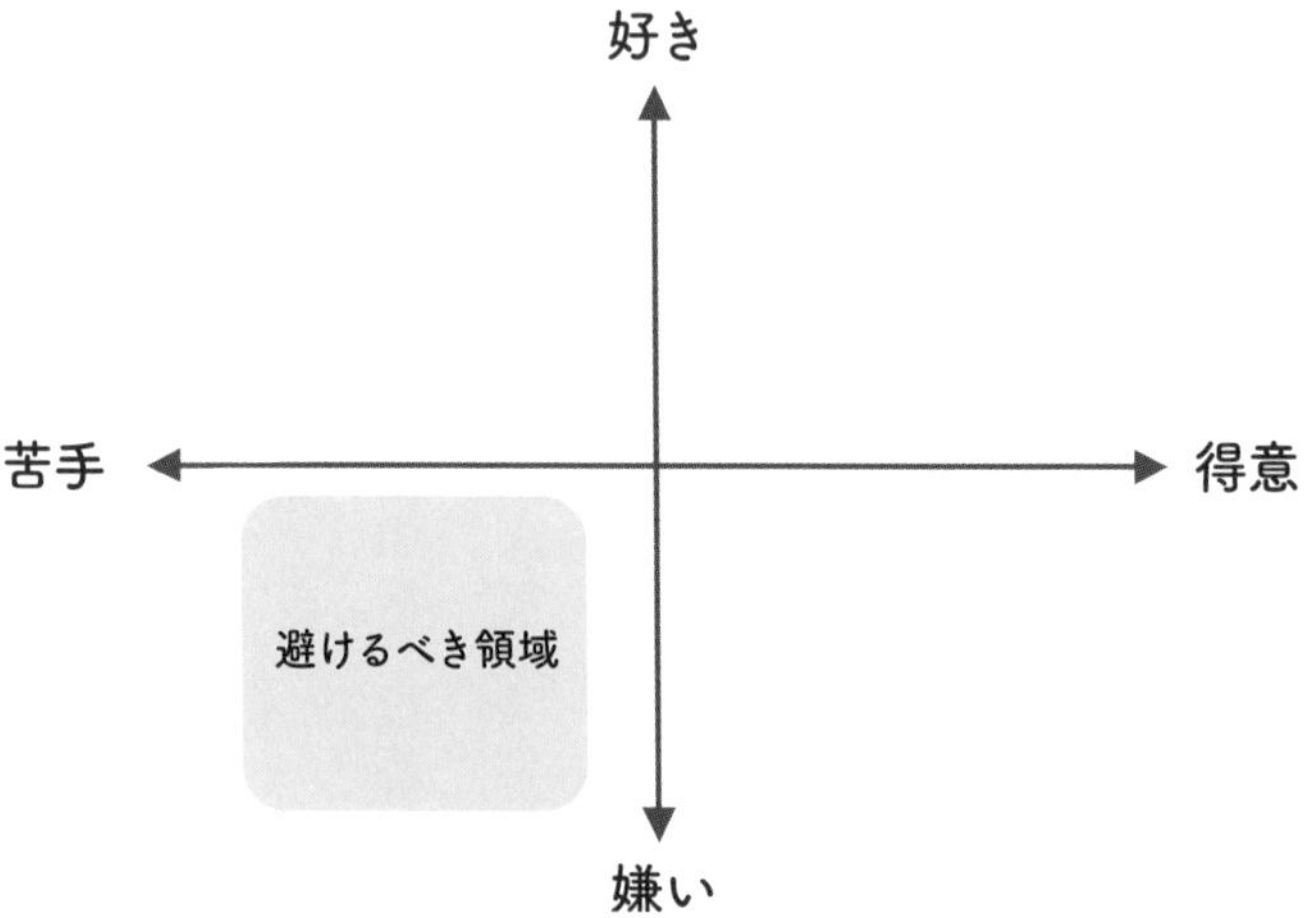

が低くなり、頑張るモチベーションも湧かないものです。また、不得意なことにどれだけ時間かけて頑張っても、ようやく人並みかそれ以下ぐらいにしかならないことが多いですから、無駄とは言わないまでも、ものすごく非効率であることは確かです。

「好きなことを仕事にするのは間違い」という説もありますが、それは大きな間違いです。そもそも**自分の仕事を好きでなければ、パフォーマンスは向上しませんし、成功も難しいでしょう。**

ポジティブ心理学の父の一人・ミハイ・チクセントミハイによれば、「仕事が与えられるたびに否定的になれば、仕事そのものが完了しなくなり、逆に好き

な仕事をすることは活力にあふれ、生産性が高く、成功に向けて良いスタートができる」といいます。(2)

それが一過性のものなら、まだ我慢して時が過ぎるのを待てばいいのですが、日々の仕事だった場合は話が変わってきます。

たとえば営業が苦手／嫌いな人が、営業に配属になったケースを考えてみてください。日々努力しているにもかかわらず満足な営業成績が上げられず、毎日のように上司や同僚から「お前はほんと使えねえやつだな」とバカにされる。自分でも「自分はダメだ」と思い込み、どんどん自信をなくしていく。

「配属されたからには、そこでまず何年かやらないといけない」という気持ちでずっと我慢し続けると、心がいつかおかしくなってしまいます。ですから、そういうところからはすぐに距離を置かないといけないのです。

実際、このようなスキルのミスマッチはどんな企業でも散見されます。ですから、こうならないために意識的に苦手なこと／嫌いなことを避けていくことは、自分の適性に合わせてストレスなく生きていくための立派な選択肢です。

注(2) 1934年、イタリアで生まれ。1956年、アメリカに渡り、1970年よりシカゴ大学心理学科教授、教育学科教授。1999年、シカゴ大学を定年退職後、カリフォルニア州クレアモント大学院大学教授。
Mihaly Csikszentmihalyi (原著), 大森 弘(訳) 「フロー体験とグッドビジネス〜仕事と生きがい」　世界思想社 Aug, 1,2008

世界的な投資家ウォーレン・バフェット氏も、同様のことを言っています。

ウォーレン・バフェット氏の言葉(3)

「もっとも重要なのは、自分の能力の輪をどれだけ大きくするかではなく、その輪の境界をどこまで厳密に決められるかだ」

これは端的に言うと、自分の「不得意な分野」には手を出さず、「得意な領域で勝負できるまで待とう」、すなわち「苦手なことには手を出さない」と言っているのです。

苦手なことから逃げられる人、逃げられない人のたったひとつの差

「苦手なこと／嫌いなことから全力で逃げろ」、と言われても、意外と難しいもの。

実は**苦手なことを避けるためにも、スキルが必要です。**

注(3) 1996年バークシャーハサウェイの投資家にあてた手紙に、人生とビジネスの目標は能力の輪と呼ぶ中で活動することだと展開した。https://www.berkshirehathaway.com/letters/1996.html

ロールプレイングゲームだと、戦士と魔法使いの適性の違いは誰の目にも明らかです。戦士に魔法を使えと言ったところでムリですし、魔法使いに剣を持って戦えと言ったところで大した貢献はできません。

しかし、現実はゲームと違って、それぞれの適性が誰にでも見えるわけではありません。それゆえ、営業に向かない人が営業に配属されてしまうようなことが起こってしまうのです。

このようなミスマッチは、本当に悲劇で、商品は売れず、怒られつづけ、自信を失うと同時に自己評価もぐっと下がってしまうことになります。

そのため、そうなる前に、日頃から「苦手／嫌い」な仕事を割り当てられないように、自分の適性を上司や周囲にアピールしておく必要があるのです。

ただし、その際にも重要な注意点があります。それは、「自分には営業は向いていません」と言ってはいけないということ。**ネガティブな発言は、**「使えないやつだな」、「ただやりたくないだけじゃないのか?」など、**相手に不信感を抱かせてしまう可能性があります。**

ですから、自分の適性は、次のようにポジティブにアピールしましょう。

ポジティブアピールの公式

「○○はできない／向いていない」ではなく、
「○○より△△のほうができる／向いている」と発信する

他の人に自分の苦手なことを伝える際には、たとえば「自分には簿記の知識があるから、営業よりも経理が向いてます」とか、「リサーチが得意だから、営業よりマーケティングにチャレンジしたいですね」というように、相手にポジティブなイメージを与えるようにアピールをしていくべきです。

そして「得意なこと」がまだ見えていない人の場合は、「苦手なこと／嫌いなこと」をもう少し分解していきましょう。

たとえば営業の場合、テレアポ、商談、クロージング、顧客管理などさまざまな業務がありますから、一人の営業がこのすべてを完遂する必要がない場合が多いです。ですから、その中でもまだ自分に向いているものをピックアップして、「商談より、顧客管理のほうが向いてます」といったように、**少しでも自分が快適に過ごせる方向に人生を持っていけるようにアピールしましょう。**また、そうして分解した業務内容は、改めて4分割ノートに追記しておいてください。

こうして普段から「苦手」な仕事を選択せずにすむよう布石を打っておけば、苦手な仕事を強いられる機会も減っていきます。また、「代わりに自分には何ができるだろう?」「何がしたいんだろう?」と、自分の得意なこと／好きなことを探るきっかけにもなります。

これからの時代、オールラウンダーになる必要はない

「苦手なこと」に関して、特に学生から最近社会人になった人たちが陥りがちな勘違いについて触れておきます。それは、**「オールラウンダーになる必要はない」**という

ことです。

学生時代は苦手な科目もまんべんなく平均的に伸ばさないといけない「オールラウンド主義」の考え方が中心です。数学だけがどれだけできても、「英語が……」、「社会が……」と言われてしまう世界。でも社会人になると、全方位で優秀である必要はなくなります。それなのに、まじめな人ほど、この事実を忘れてしまいがちです。

営業が経理も人事もできないといけないかというと、そういうことはありません。社会がこうしたスキルの細分化の上で成り立っているわけですから、自分がもっとも「得意なこと」に特化すればいいのです。

逆に自分に足りないものに時間をかけて**「苦手なこと」を伸ばそうとしている人は、自身の方向性が間違っているということに早く気づかなければいけません。**

これまで4分割ノートで見てきたように、自分の「苦手」な部分を懸命に克服しようと努力するのは、結果が出るまでに辛《つら》く長い時間がかかります。逆に、**「得意なこと」や「好きなこと」を磨くほうがずっと効率がよく、結果もついてきます。**それこそが**あなたのやりたいことにもっとも直結しているのだと覚えておいてください。**

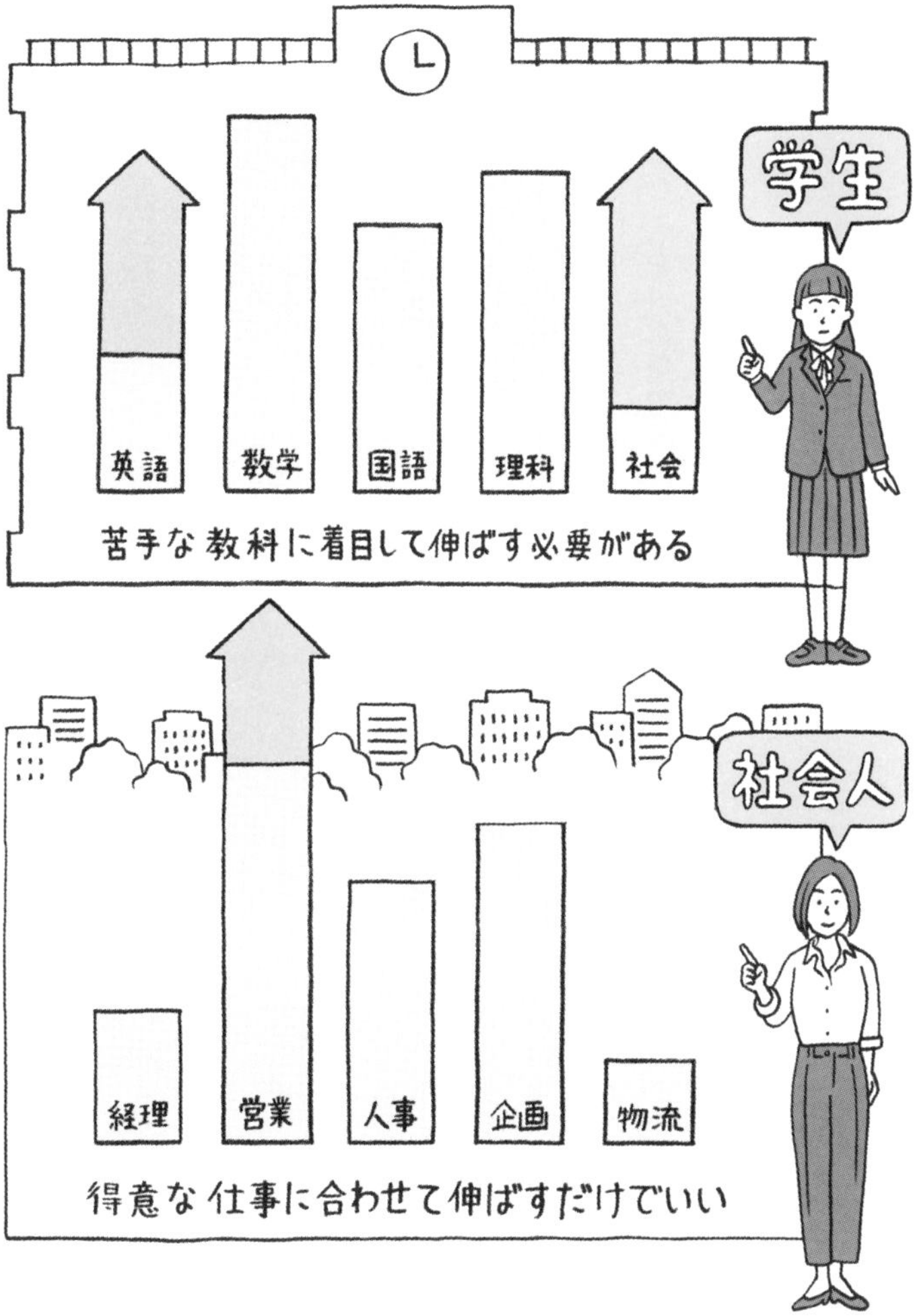
学生
英語
数学
国語
理科
社会
苦手な教科に着目して伸ばす必要がある
社会人
経理
営業
人事
企画
物流
得意な仕事に合わせて伸ばすだけでいい

○置かれた場所で我慢をしてはいけない

最後に、自分自身を見つめる上で大切なのは、「人にはできることとできないことがあって当たり前だ」と理解することです。よく、「自分にはこれができない」と嘆く人がいますが、そうではなく、「できないことはできない、むしろできなくていい」と認めていいのです。

なぜなら、チームや友人のなかに、自分ができないことを得意とする人がきっといるから。もちろん逆に他の人ができないことで、自分が得意なこともあるはずです。まわりと助け合い、補完しあってよい結果を出せれば、それでいいのです。

誰にでも、水を得た魚のように生き生きと自分の役割を果たせる場所がきっとあります。なるべく若いうちにそういう場所を自分で見つけてたどり着くことができれば本当に幸せですし、逆にいつまでも見つけられずに自分に合わないところで我慢し続けるのは本当に不幸です。

ですから、**人生の早い段階で自分の「得意／苦手」や「好き／嫌い」を知り、苦手なこと／嫌いなことからは距離を置いてください。我慢をして「置かれた場所で咲く」ことはないのです。**自分が一番輝ける場所・最高の仕事領域《スイート・スポット》を目指せば、やりたいことで最大の力が発揮できることにつながります。

CHAPTER 2

自分に向いている“最高の仕事領域《スイート・スポット》”の見つけ方

第1章では自分をできるだけ「見える化」して、
自分を深く知るメソッドを紹介してきました。
このプロセスを通じて、自分がどう変わっていけば、
自分の力が最大限発揮できるかが
見えてきたかと思います。
この章では、今どこにいるのか、これからどこを目指すのか、
自分の今の立ち位置を見ていきます。

01

「立ち位置チャート」でポジショニングを深掘りする

現在の立ち位置を4つのタイプに分けて考える

第1章では、4分割ノートを使って「自分」の見える化をしてきました。次に、自分の今のポジションにはどういった特性があり、どういった行動をすべきなのかを把握するために、4つの領域に名前をつけた「立ち位置チャート」を使って、それぞれのエリアを見ていきましょう。

僕は次の図のように、4分割にしたマップのそれぞれの領域に、「最高の仕事人《スイート・スポッター》」、「優秀な不幸者」、「下手の横好き」、「空回りの苦労人」と名前をつけました。

あなたは今、この4つの領域のどこにいるのでしょうか。また、将来どのような方向に進んでいくべきでしょうか。それぞれに課題はありますが、**目指すべきは右上の「最高の仕事人《スイート・スポッター》」です。どんな環境、時代、状況でもやりたいことを自由闊達《かったつ》に実行**

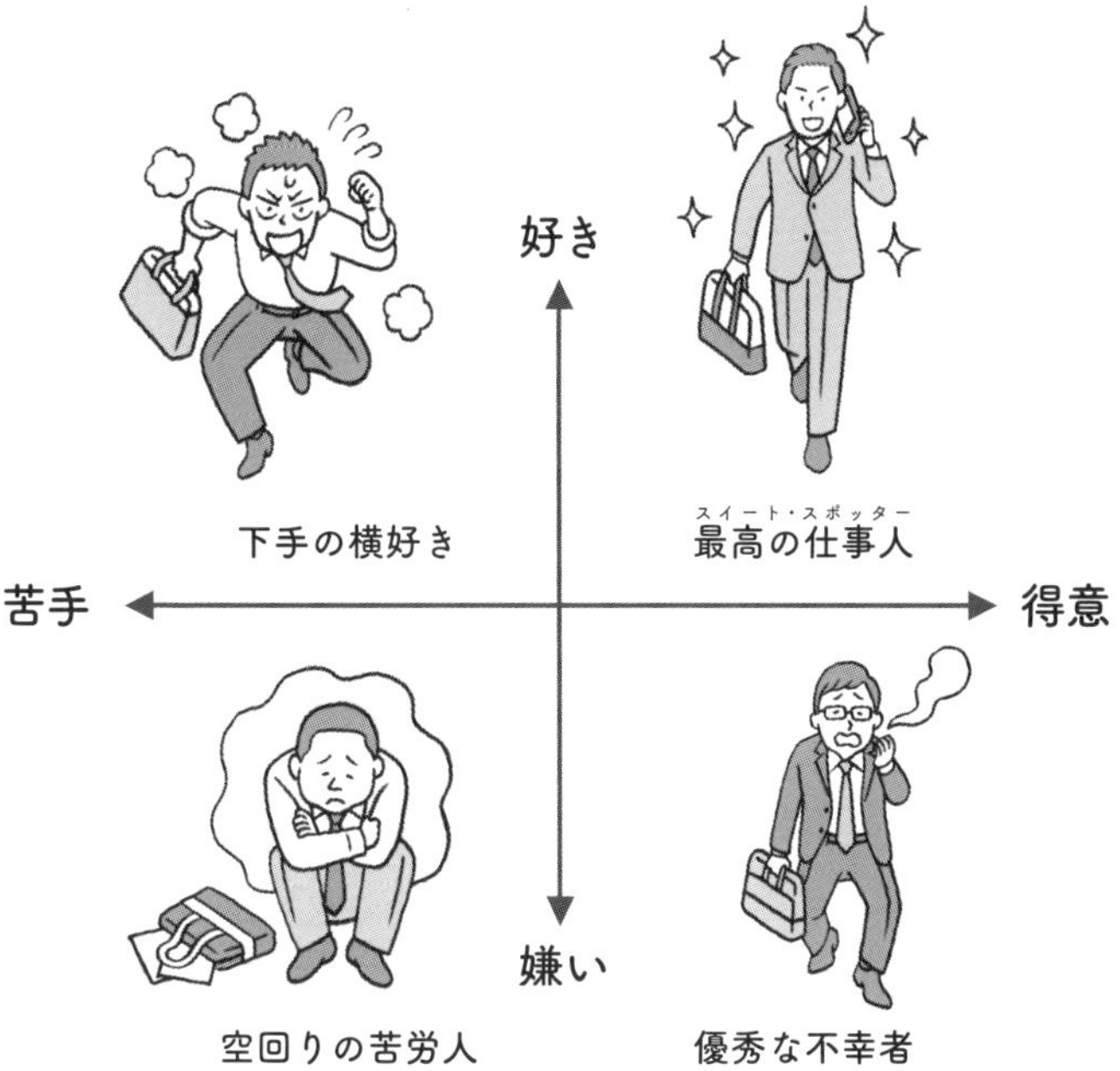

できる、まさに最高の仕事領域《スイート・スポット》です。

それではまず、あなたの立ち位置を深掘りしていくことにしましょう。

02

「空回りの苦労人」は一歩踏み出す勇気を

「空回りの苦労人」は苦手なこと／嫌いなことを仕事にしている方たちの領域です。

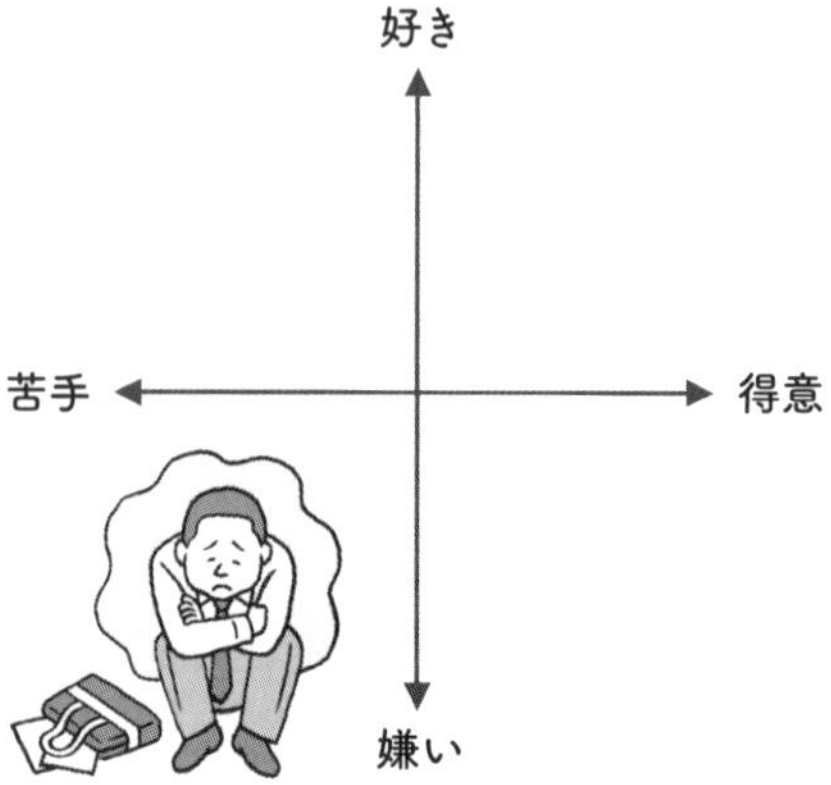

自分のスキルと合っていない仕事の苦しみ

ここにいる人は、苦手なことをしているため、仕事のアウトプットの質はあまり高くありません。しかもその仕事が好きでないため、割り切って仕事をしているか、無理矢理仕事をしている状態です。モチベーションは上がらず、仕事をしていても成長がなく、幸せも感じられない状態です。正直に言えば、今の場所にいても幸せになることはできません。**今の場所から逃げない限り、負のスパイラルから抜け出せない状況が続くことになります。**

僕の社会人経験の中でも、同僚でこの「空回りの苦労人」の領域にいた人がいました。確かに客観的に見ても、仕事が合っていないんだろうなと思うことがたくさんありましたし、ミスも少なからずありました。まわりから「できないヤツ」のレッテルを貼られ、上司からも怒鳴りつけられる、本当にかわいそうな状況でした。

そんな環境で4年ほど苦しんだ彼は、のちに転職をしたのですが、新しい会社では、まるで人が変わったようにイキイキと仕事をし、今では「最高の仕事人《スイート・スポッター》」の領域にいます。

仕事ができない、というのは能力がないということでは決してありません。単純にカルチャーフィット、ポジションフィットなどの問題から、自分の実力を出し切れないだけです。

元同僚の仕事ぶりを見て、自分に合わない場所から逃げることの大切さを痛感したことを覚えています。

我慢は「空回りの苦労人」の最大の愚策

先の例のように、**「空回りの苦労人」は、自分に合わない場所からできるだけ早く逃げることが、一番の解決策です。**

しかし、日本には「石の上にも三年」ということわざがあるように、どれだけ苦しくても3年間は我慢しなければならないような暗黙のルールが存在します。これが、今苦しんでいる人をさらに苦しめるのです。

「今苦しいのは、自分がまだ未熟だから。ここで数年頑張って、成長してから次のステージへ移ろう」

もし、まさに今そう考えている人がいたら、今すぐに考えを改めてください。今の時代、そういう苦しみを耐え抜いて成長していく時代ではありません。そんな時間は自分の人生にとって、無駄でしかありません。**自分に合わないと感じたら、すぐに居場所を変えるほうが、自分にとっても、そしてまわりにとっても幸せです。**

仮に「空回りの苦労人」がどれだけ時間をかけて頑張っても、苦手で嫌いな仕事では、大きな結果や成長は見込めません。ですから、まずは環境を変えた上で、ゆっくりと成長について考えればいいのです。

「でもでも」症候群が人生をつぶす

僕は、こうした「空回りの苦労人」に、「何とか動こう、今の苦しい場所から抜け出そう」と話をすることが結構あります。ところが、そこで返ってくる答えは、結構な確率で次のようなもの。みんな型にはまったかのように、同じ返答をします。

「動くことには興味があるから、今のところで結果を出したらチャレンジするね」

これは「石の上にも三年」の考え方をひきずっているとも言えますが、こういう返事をする人で、のちのち移動したりチャレンジしたりする人を、ほとんど見たことがありません。これには2つ理由があります。

「結果を出したらチャレンジする」と言う人が動かない理由
1.「結果を出したら」というのが、自分が動かないための言い訳にすぎない
2.そもそも自分に合わない場所で結果を出すのが困難である

人は、この「自分が動かないための言い訳」を探し出した段階で、何を言っても まったく動かなくなります。これを僕は「でもでも症候群」と名付けていて、相手が このモードになってしまったら、手を引くようにしています。


「今の場所で結果出すより、自分に合ったところで結果を出すほうが簡単じゃない?」

「でも、今のところで長く働いてるから……」

「長く働いてるなら、もう今、結果出ててもおかしくないじゃん」

「でも、今は部署が繁忙期だから、俺が異動するのはまわりにも迷惑だし……」

「まあ、会社には代わりはいっぱいいるから、人生における自分の快適さを求めたら？」

「でも、新しい部署（もしくは会社）で仕事するのは、快適かどうかわからないし……」

人生において、「でも」を何回言っても、それで開く扉なんてありません。また、合っていないところでもがいても、結果を出すことはなかなか難しいものです。そして、それを一番わかっているのは自分自身のはずです。

「自分が我慢すればいい」、「逆に動くことのほうが怖い」など色々な気持ちはあると思いますし、その気持ちもよくわかります。ですが、本来、人生はそんなに我慢をすることがあるほうがおかしいのです。**まずは自分の心にウソをつくような言い訳を探すのをやめ、本当の自分はどうしたいのかを深掘りしてみてください。**

変わるのは怖い。でも変わらないのはもっと怖い

自分が輝ける場所にいない人ほど、そこで何とか成長しようともがいています。ですが今まで述べてきた通り、自分に合っていない領域で成長することは本当に難しいもの。ですから、今の場所が自分に合わない場合は、そこで成長しようとするのではなく、自分が輝ける場所、もしくは、そこまでではなくとも**自分の苦しさが少ないところに移ることを最優先してください。自分の資質に合った場所に行けさえすれば、今までの遠回りなどすぐに挽回できるくらいのスピードで成長できます。**

ラインホルド・ニーバーというアメリカの神学者は、「今いる環境にとらわれず、諦めることなく人生のベストを尽くし、花のように咲きなさい」と説きました。彼はまた、「笑顔で幸せになることが『咲く』こと」そして「それをほかの人と分かち合うことが輝ける人」だとも述べています。[(4)]

置かれた場所が、笑顔でいられない場所なら、自分の実力がもっと発揮出来る最適な場所を模索するべきです。

今の場所から移るには、もちろん怖さも感じるでしょう。しかし、気づいてもらい

注(4) Reinhold Niebuhr（1892年アメリカ・ミズーリー州に生まれ、1971年没）アメリカのプロテスタント神学者。"Bloom where God has planted you" の一節。

たいのは**「人生において、自分が咲けないところにずっと居続けるほうが、よっぽど怖いことなのだ」ということです。**「動くこと＝怖い」と考えている人は、反射的に「動かないこと＝怖くない」と考えてしまいがちですが、これは誤っています。本当は、能動的に動かないことを選択しているのではなく、動けないだけ。そして、**動かないことを選択し続けて、いざ動きたいと思ったときに動けないことこそ、もっとも怖いのです。**そのため普段からできるだけ**「変化」を意識しておくこと**が大切です。

03

「下手の横好き」は質より量でレベルアップ

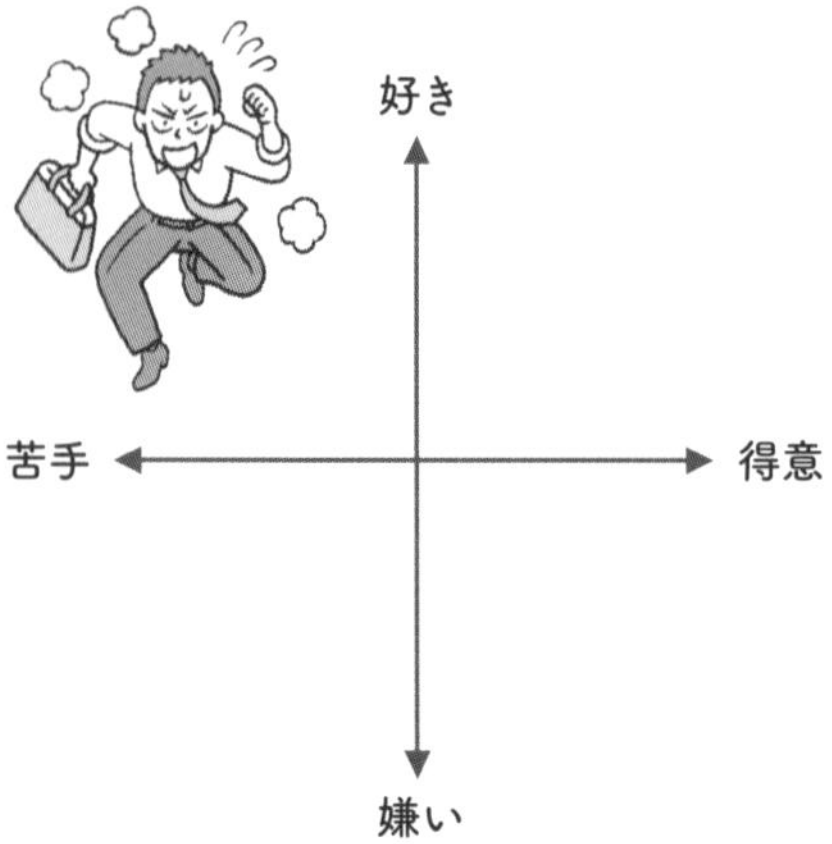

「下手の横好き」は苦手なこと／好きなことを仕事にしていますが、結果がまだ伴っていない方たちの領域です。

やる気はあるのに前に進まない

ここの領域は、どちらかというと趣味的な内容のことが多いかもしれません。

やる気や情熱だけなら、「最高の仕事人《スイート・スポッター》」に匹敵する気持ちの強さを持っています。

たとえばゴルフなど、「そんなに上手くはないけれど楽しくて仕方がない」といったものが当てはまります。しかし、趣味なら「上手くないんですよね」と笑っていられるかもしれませんが、仕事だとそうも言っていられません。

「オフィスでずっと座ってパソコンに向かっているよりも、人と会って話すほうが好き。だけど、まったく売れない営業」や、「人に会うよりも、コツコツとデスクで作業をするのが好き。けれども要領が悪くてよくミスる事務職」など、その場所で何年も仕事をするには改善が必要です。

今の仕事が自分で楽しい／好きだと感じている間はまだ幸せです。ですが、売れない営業、ミスの多い事務職がそのまま何年もみんなに愛され、認められるというケースは少ないでしょう。

もっとも怖いのは、ミスを上司や先輩から詰められたり、同僚から攻撃をされたりして、**今の仕事や環境を嫌いになってしまうこと。**そうなった途端に、あなたの居場所が「下手の横好き」から一番避けなければいけない「空回りの苦労人」へと変わることだってあります。

こうした、まわりがいつか敵になるかもしれないというリスクをはらんだ「下手の横好き」が、「最高の仕事人《スイート・スポッター》」に移るためには、どのような行動をとればいいかを考えていきましょう。

理想と現実のギャップを「なぜ？」と深掘り

「下手の横好き」領域の人の問題は、仕事における「好き」と「結果」の間に大きな乖離があることです。まずはこの差を埋めること、「あるべき姿とのギャップの深掘り」、これが「下手の横好き」が何よりも先にしなければいけないことです。

売れない営業なら、どうしたら売れるのか、売れている人と自分の差は何なのか、彼らはどんな知識を持っていて、どんな話をお客様としているのか、自分を客観的に分析し、行動を修正していくことが必要です。

要領が悪くてミスが多い事務職なら、自分のミスの原因はどういう傾向にあるのか。計算ミスなのか、入力ミスなのか、ミスがない仕事をしている先輩は、どのようなところに気をつけながら仕事をしているのか。

このように、**「自分のできていないところがどういうところなのか、できている人との差は何なのか」を徹底的に洗い出し、その差を埋めるために行動することが、あるべき姿とのギャップの深掘りなのです。**

トヨタ自動車の生産方式の一環として、「問題を発見したら『なぜ？』を5回繰り返す」という「なぜなぜ分析」がよく知られていますが、まさにこのギャップの深掘りも、トヨタ自動車のなぜなぜ分析に近い考え方が必要です。

それができたら苦労しない、という人は、3章でご紹介する水平思考と垂直思考でギャップの深掘りをしてみてください。

質は量が伴ってこそレベルアップする

もうひとつ、「下手の横好き」のあなたにオススメしたいことがあります。それは、「質は量を伴ってこそレベルアップする」ということです。

アウトプットの質を重視すると、ひとつの仕事に時間をかけないといけないので量をこなせない。反対に短期間で量をこなそうとすると、そこそこの質のものを量産してしまいます。ですからよく「質と量、どちらを重視すべきか」という議論には、基本的に僕は質より量の方が重要だと考えています。

量をこなしているうちにアウトプットの質が上がってきますし、コツをつかめばかかる時間も短くなってきます。すると、ひとつの仕事にかけられる時間が増えますし、どんなものを作ればいいかの感覚もわかってくるため、さらに質が上がってくるわけです。

ただし、何も考えずにやみくもに量だけこなしてもレベルアップはしません。

素人がひとつの仕事に時間をかけてたったひとつアウトプットを出したとしても、到底コツなんかつかめませんから、質をレベルアップさせるには量が必要です。ですが、いくら量が必要だといっても、同じ仕事を何十回、何百回と単純に繰り返すだけでは、成長は限定的になってしまいます。

ですから、より成長するためには、**量をこなす間に、「こうしたらもっと上手くいくんじゃないか」、「次はこういうふうにやってみよう」といったように、工夫をしましょう。**やってみた結果、上手くいくものも上手くいかないものもあるでしょう。そのなかで、上手くいったものだけを自分の経験・知恵として取り入れていくと、自《おの》ずとそれが質の向上につながっていくわけです。これが、「質は量が伴ってこそレベルアップする」の真の意味です。

あるべき姿とのギャップはそう簡単には埋まらないかもしれません。ですが、今の仕事があまり得意でなくとも、「好き」だという気持ちを持っている領域の人だからこそ、楽しみながら工夫と努力ができるのです。この領域にいる人は、情熱ややる気において高いポテンシャルを持っています。一生懸命なのは周知されているでしょう。もし、結果が出ていないとしたら、やる気の方向性が間違っているのです。

ギャップを埋めようとするあなたの努力は、かならずまわりの人に伝わり、助けてくれる人が現れます。まずは**これまでとは違う意識を持って、「一生懸命の矛先」を変えてみてください。**

04

「優秀な不幸者」はアンテナを張ってチャンスを増やす

「優秀な不幸者」は得意なこと／嫌いなことを仕事にしている方たちの領域です。

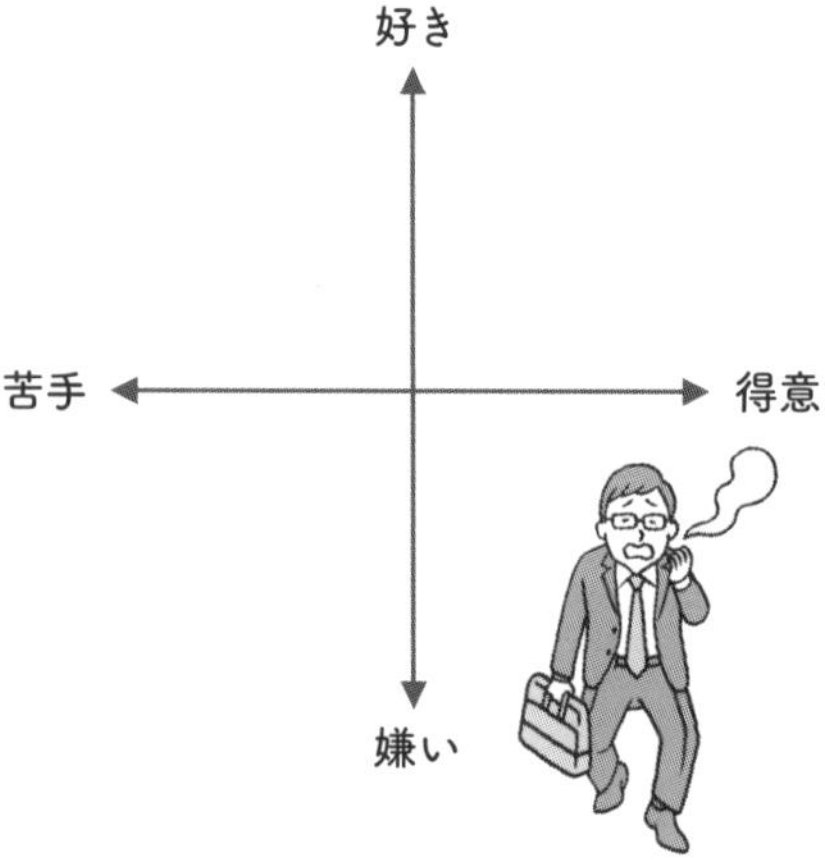

モチベーションが持てない苦しみ

ここにいる人は、得意なことをしているため、仕事のアウトプットの質は高く、優秀です。しかしその**仕事があまり好きではないため、仕事をしていて幸せを感じられない、文字通り「不幸者」です。**

僕もかつてはここに属していました。エクセルやパワーポイントを使うのが得意で、まわりからよくエクセルの表作成やプレゼン資料の作成を依頼されたり、質の高いアウトプットを誰よりも早く求められ、それにすべて対応していました。しかしその仕事をしている本人としては、PCに向かってずっと作業するのはまったく好きではなく、「できるからやっている」といった感じだったのです。

もちろん、そんな仕事の仕方ではやっていることに情熱を持てず、言われたことをこなすだけの仕事人生。その結果、仕事はますます増え、きちんと対応しているにもかかわらず、その水準が次第に当たり前とされ、あまり評価されずに便利使いされてしまっていました。

なぜ僕は評価されなかったのでしょうか。実は、会社で評価される人というのは、単に仕事をこなすだけではなく、自ら新しいことにチャレンジし、モチベーション高くまわりの人を巻き込める人です。そういう意味では、どれだけ優秀であっても、好きではないことをしている不幸者は、なかなか気持ち的に前向きになれず、評価されないことが多いのが実情です。

「自分は仕事をきちんとこなしているのに、あまり評価されない、昇進しない……」、こうした不満をかかえがちな「優秀な不幸者」がどのような行動をとるべきかを考えていきましょう。

○小さな夢中で人生を変える

「優秀な不幸者」に属している人は、不遇な環境に陥ることが多く、その理由のひとつに**「淡々と仕事をこなしすぎてしまう」**ということが挙げられます。

まわりから見て、やっていることに熱さや情熱を感じられず、ひいてはヤル気が感じられない。その結果、まわりの人も頼りにはするものの、「この人を支えよう、一緒に頑張っていこう」という気が起きないという、負のスパイラルが発生しているのです。

また、評価されないもうひとつの理由として「仕事を効率化するのが上手だが、効率化で終わってしまっている」というケースもあります。携わっている仕事が得意な分野だけに、今まで大変だった仕事を効率化して、半分の時間で終わらせていることが多いでしょう。しかし、それで空いた時間に何かをするでもなく今まで通り淡々と自分の仕事だけをやっていると、まわりから見たら、何となく楽をしているように見えるのです。**「嫌い」という気持ちを押し殺して結果を出しても、まわりからの評価はそこに目が向かず、仕事を一生懸命やっていないように思われてしまうのです。**

そんな「優秀な不幸者」がこの環境を改善するためには、次のような案が考えられます。

1. 今の仕事を好きになる
2. 仕事を効率化するだけではなく、それで空いた時間に自分の好きな新しいことにチャレンジする
3. チャレンジするときには、上司やまわりに宣言をする

1のように今の仕事を、情熱を傾けられるほど好きになれるならば、すぐに「最高の仕事人《スイート・スポッター》」にステージを変えることができます。ですが正直そう簡単にできるのであれば、すでに今の仕事を好きになっていたり楽しんでいるはずなので、あまり現実的ではありません。

であれば、まわりに対する自分の評価を変えていく必要があります。それには2と3のプロセスが非常に有効です。

まず2ですが、先に触れたように仕事を効率化するだけで終わってしまうと、楽をしているように見られがちです。ですから、**空いた時間に新しい何かにチャレンジすることをおすすめします。その際には、今度は自分の好きなことを選んでください。**

これ以上嫌いなことをやると心が疲れてしまいますから。自分の好きなことにドンピシャに当てはまる部署や仕事内容がなくても、それに近いことを見つけたり、提案をしてみましょう。

またこれが3につながるわけですが、自分が好きな新しいことにチャレンジする際には、**上司やまわりの人に「これをやります!」と宣言をしてください。**何かを始める際には「有言実行」をすることが大事です。周囲と目標を共有し、定期的に進捗を報告し合うと、76%の人が目標を達成できたという報告もあります。(5)

会社では、横の席の人が何をやっているのかすら、明確にはわからないもの。ですから、きちんと事前に「こういうことを、いつまでにやりたい」と宣言することで、まわりの上司や同僚に認知をさせるのです。これは同時に、自分に興味を持ってもらうことや、「あいつはこれをやってるな」とわかってもらえることにつながります。

注 (5) Gardner, Sarah and Albee, Dave, "Study focuses onstrategies for achieving goals, resolutions" (2015). Press Releases. 266.
ドミニカン大学のゲイル・マシューズ博士が行った目標設定に関する研究。267人から4週間以内に新年の目標を達成したいとする人たちを5つのグループに分けてその後の達成率を調査。もっとも目標を達成したのは、友人と目標を共有し、さらに進捗を定期的に報告していたグループで76%達成した。もっとも達成できなかったのは、こうしたいと考えているだけのグループで43%の達成率だった。

やっていることが好きなこと、もしくはそれに通じていれば、イキイキと楽しそうに仕事をしているように見えるので、それだけでもまわりの評価はだいぶ上がります。

現在の立ち位置がこのエリアの人は、**余力があり、新しいことを創造するチャンスが多くあります。まずはチャレンジを恐れずに行動していきましょう。**

05

「最高の仕事人《スイート・スポッター》」こそ、チームの起爆剤

「最高の仕事人《スイート・スポッター》」は得意なこと／好きなことを仕事にしている方たちの領域です。

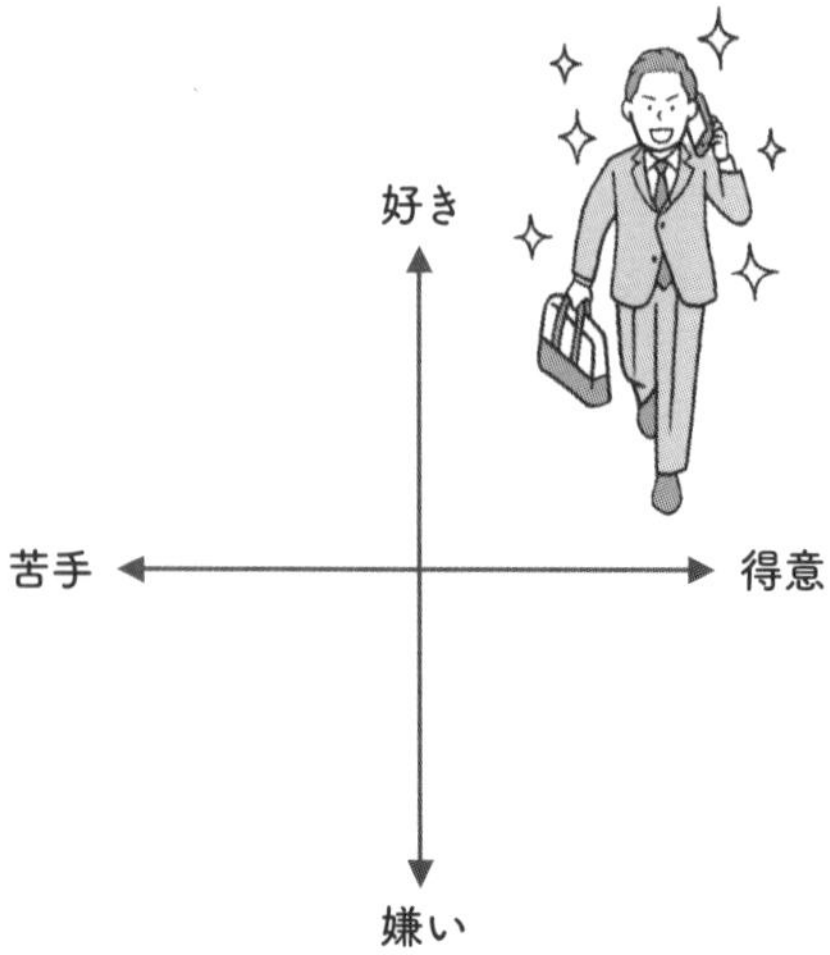

結果を出し続けるプレッシャーの苦労

ここにいる人は、得意なことをしているため、仕事のアウトプットの質は高く、優秀です。また、仕事を楽しんでおり、まわりの人が努力と思うことも、まったく苦に感じないタイプです。ですから、まわりの人が必死の苦労で出したような結果を、あっさりと出すこともあるで

しょうし、先輩や上司を上回る結果を出しているかもしれません。

得意なので結果が出る、結果が出るのでますます好きになるという、最高のプラスサイクルを持っています。端から見れば、**まさに最高の仕事人《スイート・スポッター》なのです。**

これからは「我慢に我慢をして結果を出す」という時代ではありません。自分のいるべき場所は、「CAN」「LIKE」「WILL」に合わせて自由に変化させて考えるべきです。逆に言えばその3つをしっかりと持っていれば、どんな時代、環境でも自分のいる場所で実力を発揮でき、充実した輝かしい働き方ができるのです。

こう書くと、「最高の仕事人《スイート・スポッター》」に悩みなんかないように感じますが、そんなことはありません。

「最高の仕事人《スイート・スポッター》」はまわりに認められているため、成果を出し続けないといけないというプレッシャーがあります。また、色々なことができてしまっているため、自分の成長を感じられないことも多いのです。もしかしたら、結果を出していることから、まわりからの妬みを受けることもあるかもしれません。

○「チャレンジ」と「達成感」のひと工夫

今の仕事が得意／好きで結果も出しているわけですから、仕事面では特に大きな問題はありません。ですから、意識すべきはモチベーションや人間関係になります。

まずはモチベーション面に関してふれていきます。

大事なことは、**同じ仕事を同じようにやり続けていても成長はない、ということ。**人は成長を感じることで、モチベーションを維持しています。そして**成長というのは「できないことにチャレンジして、できるようになること」です。**

しかし、すでに今の業務で求められていることの大半ができてしまっている「最高の仕事人《スイート・スポッター》」にとっては、「できないこと」がそもそも他の人より少ないことでしょう。それは裏を返せば、「自分は今の場所で成長していない」と感じてしまうということです。

たとえば、何年も同じ仕事をやっていると、必要な情報がどこにあるのか、誰に聞けばいいのかもわかってきますし、目をつぶっていてもその仕事ができるくらい習熟してきます。これは一見よいことのようにも思えるのですが、自分の30％ほどの力でその仕事をこなせるようになってしまうと、もうそこに成長はありません。不思議なもので忙しすぎるのも苦しいですが、何もせずにただ座っていろと言われるのも同様に苦しいものです。

実は僕も、担当する多くのエクセルで処理するルーティンワークを、マクロを使ってすべてボタンを押すだけで終わるように業務設計したところ、日々の業務がただファイルを開いてボタンを押すだけの単調な仕事になってしまったことがありました。膨大な仕事をラクにするために頑張るのは僕の得意なことでもあり、楽しいのですが、一旦でき上がってしまうと、あとは単純作業になるので苦しかったわけです。この特性が僕の4分割ノートにも表れていましたし、上司もそれをわかってくれていたので、この仕事を他の人に引き継いで、すぐに異動をすることになりました。

異動した後も、様々な業務を再構築したり、マーケティングや経営企画という自分の4分割ノートに合った仕事にチャレンジさせてもらえたので、モチベーションが落ちることはなかったのですが、「もし自分の特性を上司に理解されないまま、ボタンを押すだけの仕事を何年もしていたら」と思うと、ゾッとします。

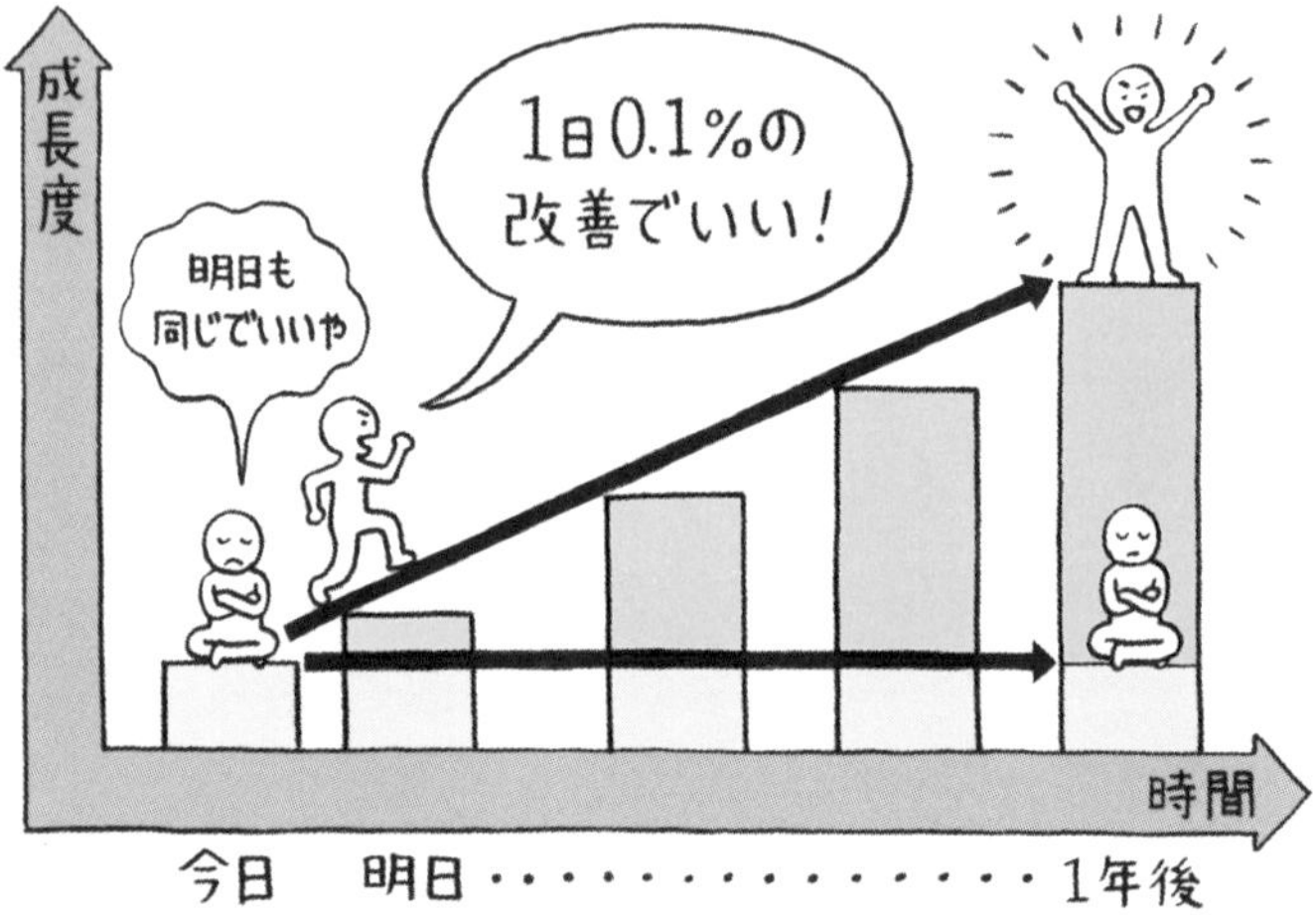

今と同じ仕事をし続けるのではなく、新しいことにチャレンジし続けることが、自分の成長のためには一番大切です。

たとえば、営業としてお客様へ提案する仕事でいうと、提案書の表紙の会社名だけ変えてお客様のところへ持っていき、昨日までのお客様にしたのと同じ説明をする――これではまったく成長がありません。1カ月後、1年後、その先も、「今と同じことを繰り返している未来の自分」の想像がついてしまいます。

それに対して、昨日までのお客様の反応を見て、「ここをこう直したら、お客様の反応がもっとよくなるはず」、「この話を盛り込んだらすごく話が弾んだから、次の打ち合わせでもその話を取り入れてみよう」など、**0・1%でも改善を加えてみることで、仕事での結果が少しずつ良くなり、モチベーションも高く維持できます。**

まわりを巻き込んで成長する

次に、人間関係について触れていきます。

ニーバーが言うように、「笑顔で幸せになることが『咲く』こと」であり、そして「それをほかの人と分かち合うことができる人」が輝ける「最高の仕事人《スイート・スポッター》」と呼ぶゆえんだと述べました。

今の仕事において、あなたは「最高の仕事人《スイート・スポッター》」かもしれませんが、まわりの人は「下手の横好き」かもしれませんし、もしかしたら「空回りの苦労人」かもしれません。

自分一人が成長したところで、この状況は何も変わりませんし、逆にまわりに妬みなどのマイナス感情が出てしまったら、そのチームに亀裂を生みかねません。ですから、「最高の仕事人《スイート・スポッター》」であるあなたが、まわりの人たちに変化や改善を起こし、一緒に成長しながら、チーム全体の力を底上げしていく必要があります。この役割は、この仕事が好きで得意な「最高の仕事人《スイート・スポッター》」にしかできないことです。

　こうした変化や改善は、大掛かりなものでなくても構いません。自分が会社でよく使うコピー機に新しい機能があることを見つけて使ってみたり、会社の通勤の間に、今までスマホでゲームをしていた時間を読書にあててみて学ぶことも、もちろん変化であり、改善です。

　どんなに小さなことでも、今までにない新しいインプットがあると、「このコピー機の新しい機能を使って業務を改善できないかな?」、「この本のこの一節がすごくよかったから、会社のみんなに共有しよう!」など、次の思考が生まれてくるもの。その前向きな考えがまわりに波及し、こうした小さな変化の積み重ねが、やがて仕事の構造や、環境を変え、さらにあなたやあなたの周囲を動かす大きな成長へと導いてくれます。

　ポテンシャルの高い「最高の仕事人《スイート・スポッター》」の立ち位置にいるからこそ、自分という小さな領域だけでなく、まわりにその学びを還元することで、より大きなステージに行けるはずです。また、チームがどんどん強くなり、あなたがまわりと共に成長する喜びを感じたとき、周囲からも感謝と尊敬が生まれ、同時にチームの成果も上がるでしょう。

こうしてまわりと一緒に成長できる環境を作ることができれば、あなたの「最高の仕事人《スイート・スポッター》」としての価値がさらに上がるのです。

3章から先は、
作成した4分割ノートを具体化するための
実践的メソッドをご紹介。
「やりたいことを、最大限に発揮できる領域」に向けて、
早く確実にアプローチをしていきます。
まずは、物事の考え方について見ていきましょう。

CHAPTER 3

ゴールを考えずに、スタートするな！

01

意識すべきは もう一歩上から見る「全体像」

○「なぜ自分がこの仕事をやっているのか」を考える

自分の得意なことを活かせるポジションにいち早く到達するために身につけておきたいのが、「物事の見方／考え方」のスキルです。

物事の見方や考え方が変わると、今の仕事の見え方が変わってきます。見え方が変われば、ゴールも明確になります。できるだけ早く、自分が輝ける最高の仕事領域《スイート・スポット》にたどり着けるよう、実践してみてください。

まず、仕事を進めるにあたって、最も大事なのが「全体像を意識しておく」ということです。ここで言う**「全体像を意識する」とは、与えられた仕事の目的もわからずにこなすのではなく、「自分が任されている仕事の、全体の中での位置づけを理解する」ということです。**

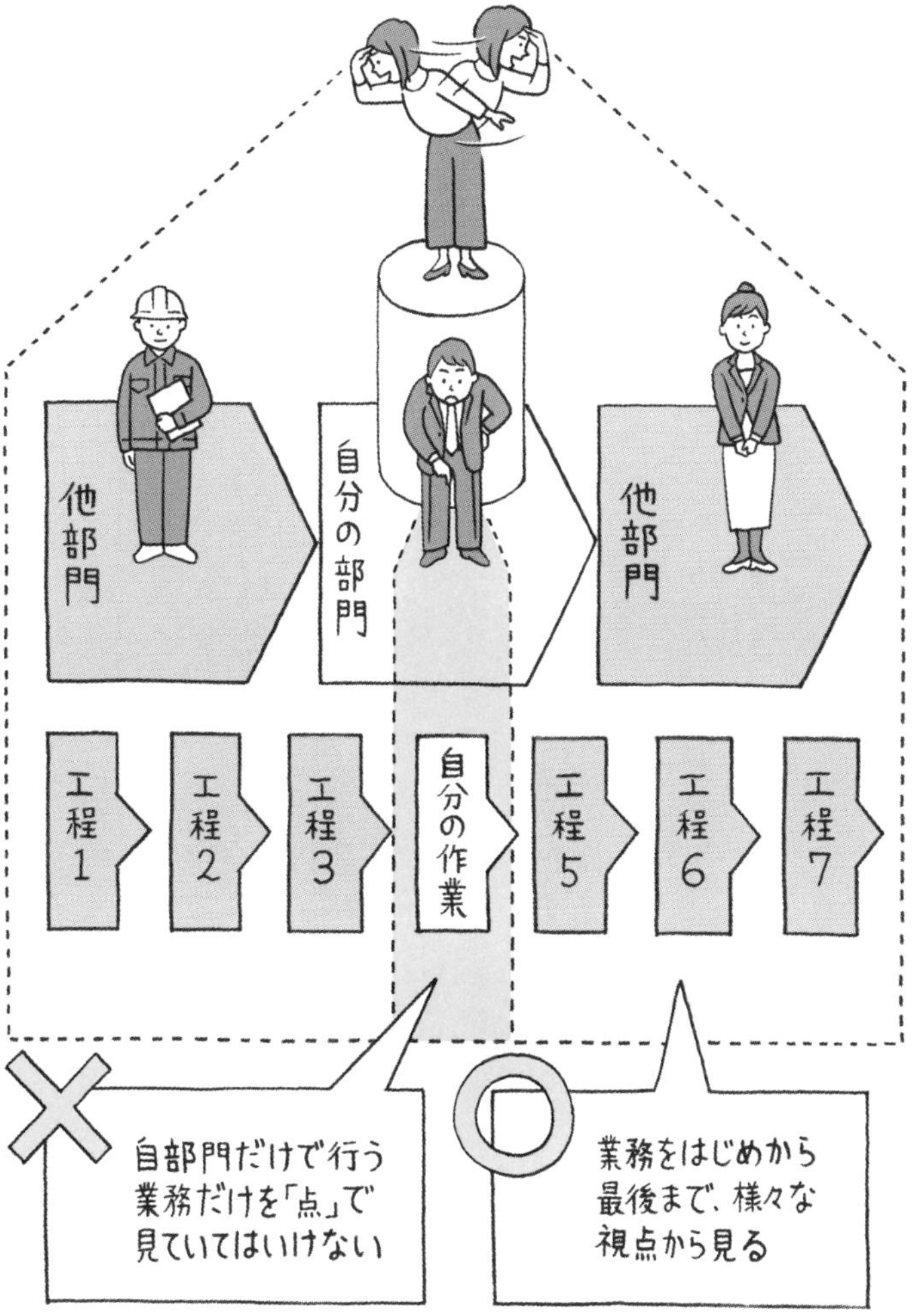
他部門
自分の部門
他部門
工程1
工程2
工程3
自分の作業
工程5
工程6
工程7
自部門だけで行う業務だけを「点」で見ていてはいけない
業務をはじめから最後まで、様々な視点から見る仕事の全体像を把握するために特に大切なのは、次の2つのポイントです。

・この仕事の目的は何か
・今やっている仕事は、全体のうちのどの部分か

例として、僕が過去に目にした、全体像にまつわるお話をします。
あるとき、隣の部署の新入社員に、入社2年目の先輩が一生懸命エクセルの仕事を教えていました。頑張ってるな、と思いながら聞き耳を立てていたのですが、その説明が次のようなものだったのです。

「このデータのここにある数字を、別のデータのこの場所に入力するんだよ。そうしたら、別の場所に計算結果が出てくるから、それをこの稟議書《りんぎしょ》のこの部分に書いて提出してね」

それを聞いて、僕はすぐに止めに入りました。

「ここに数字を入れて、別のところに出てくる数字を稟議書に書き入れる」というのは、単に作業手順を教えているだけで、仕事を教えていることにはなりません。仕事を教えるとは、目の前の自分の作業だけを「点」で見るのではなく、「今やっていること／出している数字などが、何の目的で、どの部門から依頼されて、どのように作られ、そしてどの部門に渡されて、どう使われるのか」の全体像をきちんと相手に理解してもらうことだからです。

作業手順だけを教えられた場合、全体を理解できていなければ間違いに気づけません。もしインプットの数字が1桁間違っていたり、数式を間違えたりして最後のアウトプットに異常値が出たとしても、それがどうしてそうなった数字なのかを理解できず、また、数式を信じきっているため、その誤りに気づかない可能性が高いです。

一方、全体像を把握していれば、「この数字が何を意味しているのか」、「どのような数式で算出されているのか」を理解しているので、おかしな数字が算出されたときにいち早く気づいたり、検算することも可能です。

また、言われた通りに数字を提出するだけではなく、「この数字を見たいならこの切り口から見たほうが、分析結果がわかりやすいですよ」、「次の部門に渡すときには、このように渡したほうが彼らもその数字を利用しやすいはずです」といった工夫もできるようになります。より成長視点を考え、最高の仕事領域《スイート・スポット》に近づいてくるはずです。

さらに、この視点を持つと「予算やリソースはどうなっているのか」、「同僚やチームのほかのメンバーの状況はどうか」という具合に視野が自然と広がり、仕事全体の動向を見渡すマネージャー的な視点も持てるようになるのです。

○全体像を意識すると、意味や目的が見えてくる

「あなたは何のために、その仕事をしていますか?」

仕事に対する姿勢やスタンスは、人それぞれ違います。ただ、全体像が見えているか否かで、仕事のやりがいや意味づけが大きく変わってくるものです。

全体像を見すえて、使命や目的を持つことが、モチベーションにどのような違いを与えるのかをわかりやすく物語っているのが、昔話の『3人のレンガ職人の話』です。

『3人のレンガ職人』

場所は中世の、とあるヨーロッパの国。旅人が道を歩いていると、一人の男が汗を流しながら、不満そうな表情で重たいレンガを積んでいました。

旅人が「何をしているのですか?」と尋ねると、その男は「そんなこと見ればわかるだろう。親方の命令でレンガを積んでいるんだ。朝から晩まで、年がら年中レンガを積まなきゃならない。こんなきつくてつまらない仕事、本当は辞めてしまいたいよ」と不満を口にしました。

旅人が少し歩くと、別の男が黙々とレンガ積みをしていました。旅人が「何をしているのですか?」と尋ねると、男は「レンガを積んで大きな壁を作っているんだよ。大変だけど、給料が良いからやっているのさ」と淡々と答えました。

旅人がさらに歩くと、別の男が楽しそうにレンガを積んでいました。旅人が

「何をしているのですか?」と尋ねると、男は「レンガを積んで、後世に残る大聖堂を造っているんだ。この仕事に就けてとても光栄だよ」と嬉しそうに答えたのです。

この3人のレンガ職人がたずさわっている「レンガを積む」という仕事内容はまったく同じです。しかし、この3人の見ているものや目的意識はまったく違います。それは、与えられた仕事の全体像が見えているか否かの違いだとも言えます。

1人目のレンガ職人は、ただ親方に命令されたからレンガを積んでいるだけです。レンガしか見えていないので、彼にとってこの仕事は「ただの作業」でしかありません。

2人目のレンガ職人はお金のために働いています。お金が稼げればどんな仕事でもよく、「もっとお金になる仕事はないか」と頭の中で考えていることでしょう。

3人目のレンガ職人は、「後世に残る大聖堂を造って、町中の人々を幸せにしたい」という希望・夢・志に近い目的意識を持って仕事をしています。彼は、大聖堂を完成させるという自分の役割に誇りを持っているのです。

ちなみに、この話には続きがあり、10年後の3人の姿が描かれています。

10年後――

1人目の男は、10年前と同じように文句を言いながらレンガを積んでいました。

2人目の男は、10年前にやっていたレンガ積みの仕事より給与は良いものの、危険を伴う屋根の上で仕事をしていました。

3人目の男は、現場監督として多くの職人を育て、さまざまな建造物の施工を任されるようになっていました。のちにでき上がった大聖堂には彼の名前が付けられたということです。

このように、**目の前の仕事にどのような目的を見いだして取り組むかによって、10年後に得られる結果も大きく違ってきます。**

02

全体像を見るために必要な3つの要素

全体像を把握するためには、目の前の仕事に思考がとどまっていてはいけません。多岐にわたる項目に柔軟にフォーカスを変えながら、時には思考を大きく広げ、時には狭い範囲を深掘りしていく必要があります。

このような柔軟な思考を身につけるために必要な3つの要素は、次の通りです。

柔軟な思考に必要な3つの要素

1. 視野を広げる
2. 視座を高める
3. 視点を増やす

それではこれから、この3つの要素について触れていきましょう。

1. 野球を観て、サッカーを考える ──視野を広げて選択肢を増やす

思考を大きく広げるのに必要なのが「視野を広げる」こと。これは、物事を考えるときに、**自分が理解をしている領域を超えたところまで考えを巡らせるということです。**とはいえ、自然に考えが自分の領域を超えて広がることなど、まずありません。ですから、意識をして自分の慣れ親しんだ領域の外まで考えていこうとする必要があるのです。

たとえば、製造業の人が戦略を立てるにあたり、金融業がとった戦略を学んだり、サッカー選手が、野球選手の練習法を参考にして鍛えるというように、自分のいる範囲外の情報が参考になることは多々あります。ですが実際、製造業の人は製造業の中だけで考えてしまいがちですし、サッカー選手はサッカーの範囲内で考えてしまうことが多いでしょう。「視野を広げる」とは、このようについ自分が見える狭い範囲だ

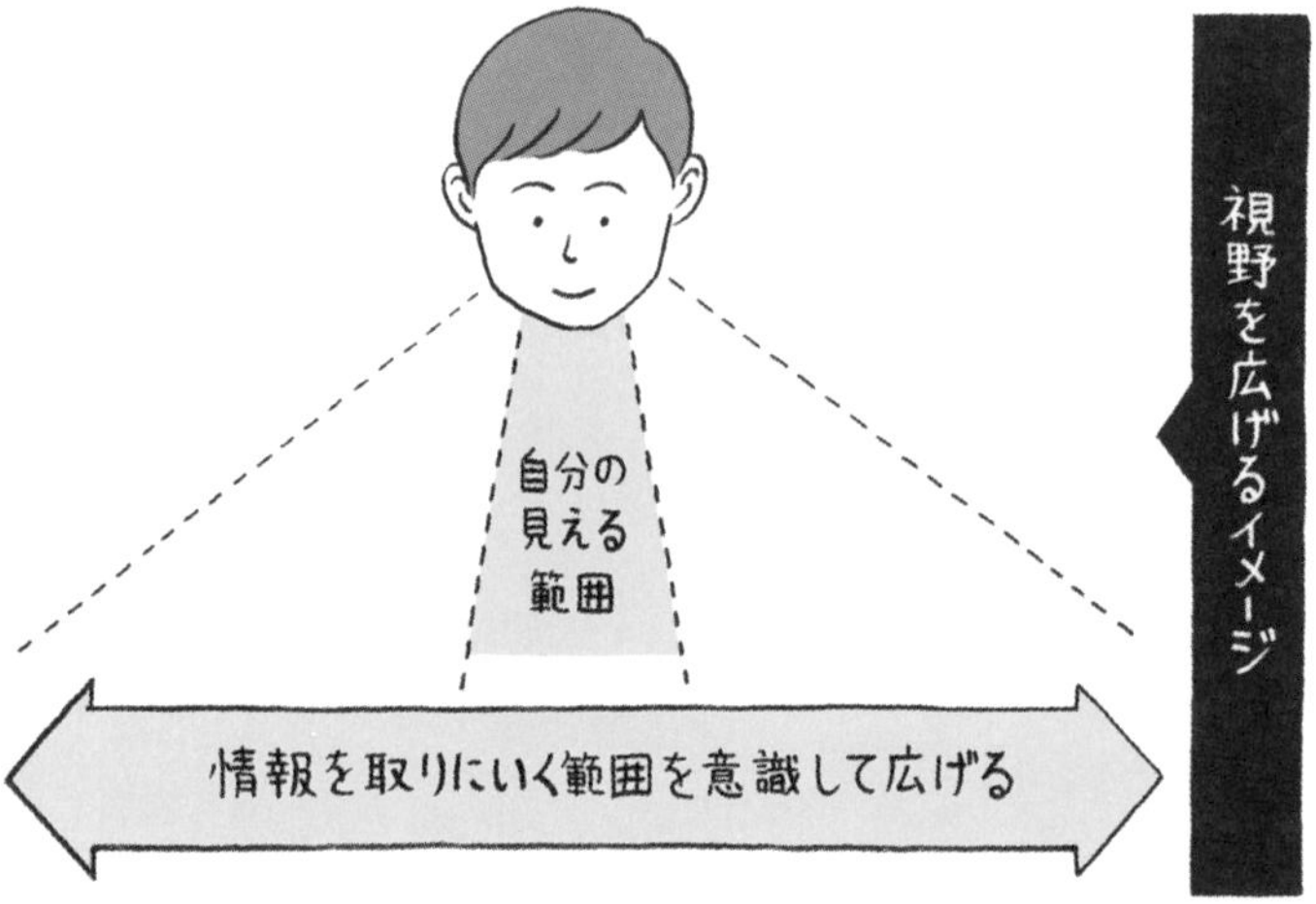
視野を広げるイメージ
自分の見える範囲
情報を取りにいく範囲を意識して広げる

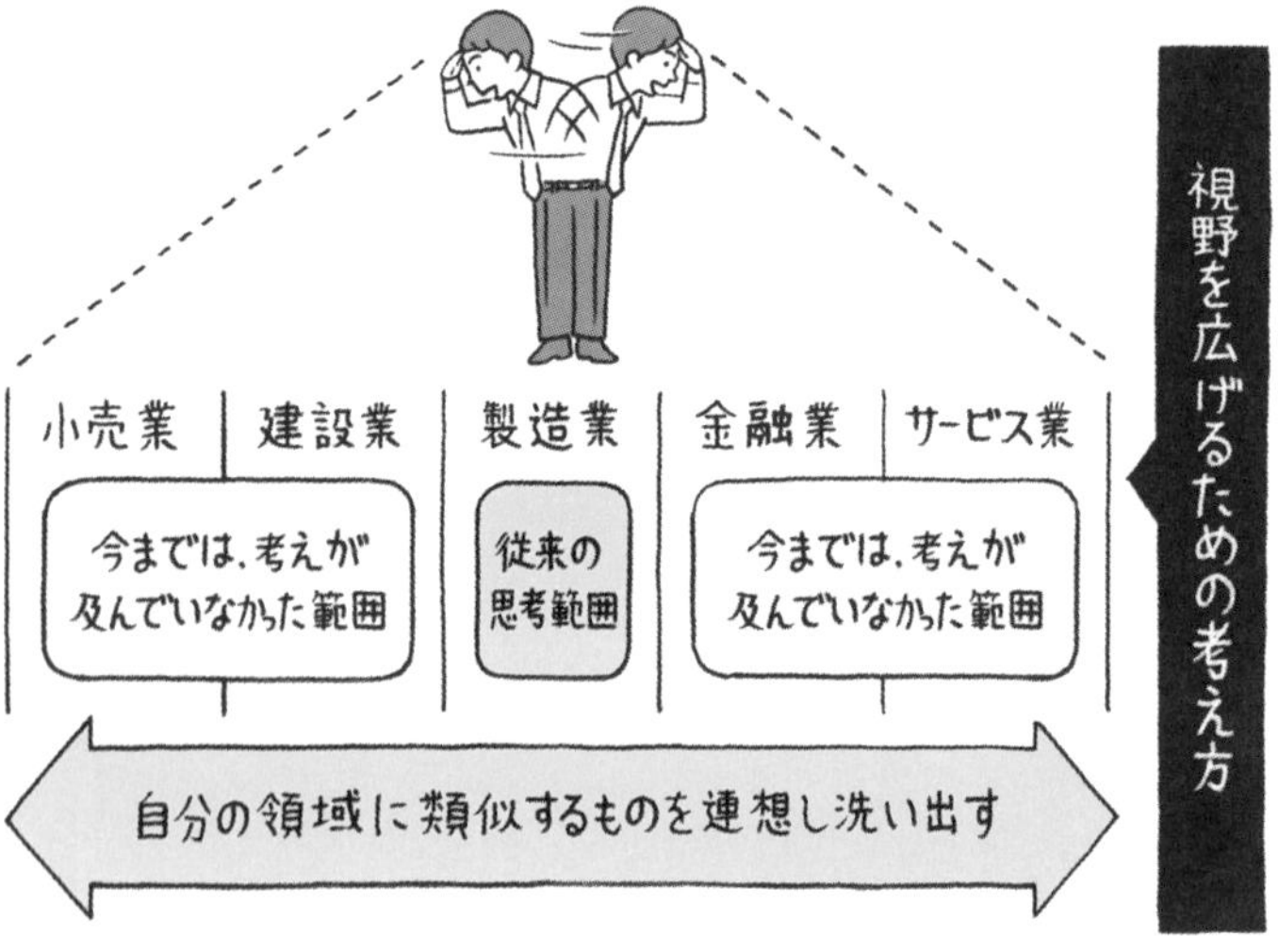
視野を広げるための考え方
小売業
建設業
製造業
金融業
サービス業
今までは、考えが及んでいなかった範囲
従来の思考範囲
今までは、考えが及んでいなかった範囲
自分の領域に類似するものを連想し洗い出す

けで考えてしまうことを避けること。すなわち「情報を集める領域を意識して広げる」ということに他ならないのです。

2. 野球場を俯瞰《ふかん》する——視座を高めて物事のスケールを広げる

次に「視座を高める」ことについてお話しします。

「視座」という言葉は、普段あまり聞きなれない言葉かもしれませんが、「物事を見るときの高さ」を表しています。この「高さ」が何を指しているかですが、ここでは主に「役職が上の人の視点」や、「より責任が大きい人の視点」を意味しています。

同じものを見る場合にも、課長の視点、部長の視点、本部長の視点、社長の視点と、その視座を高くしていくことで、**今までの自分の視点では見ることができなかった全体像を見ることができたり、経営層に近い考え方ができるようになります。**

バッターボックスに立っているときには見えなかった景色も、ドーム全体を上から俯瞰《ふかん》することで、観客の入りや、球場全体の盛り上がり具合などが見えてくるのです。

こちらも「視野を広げる」と同じように、自分で意識して高い視座から見ようとし

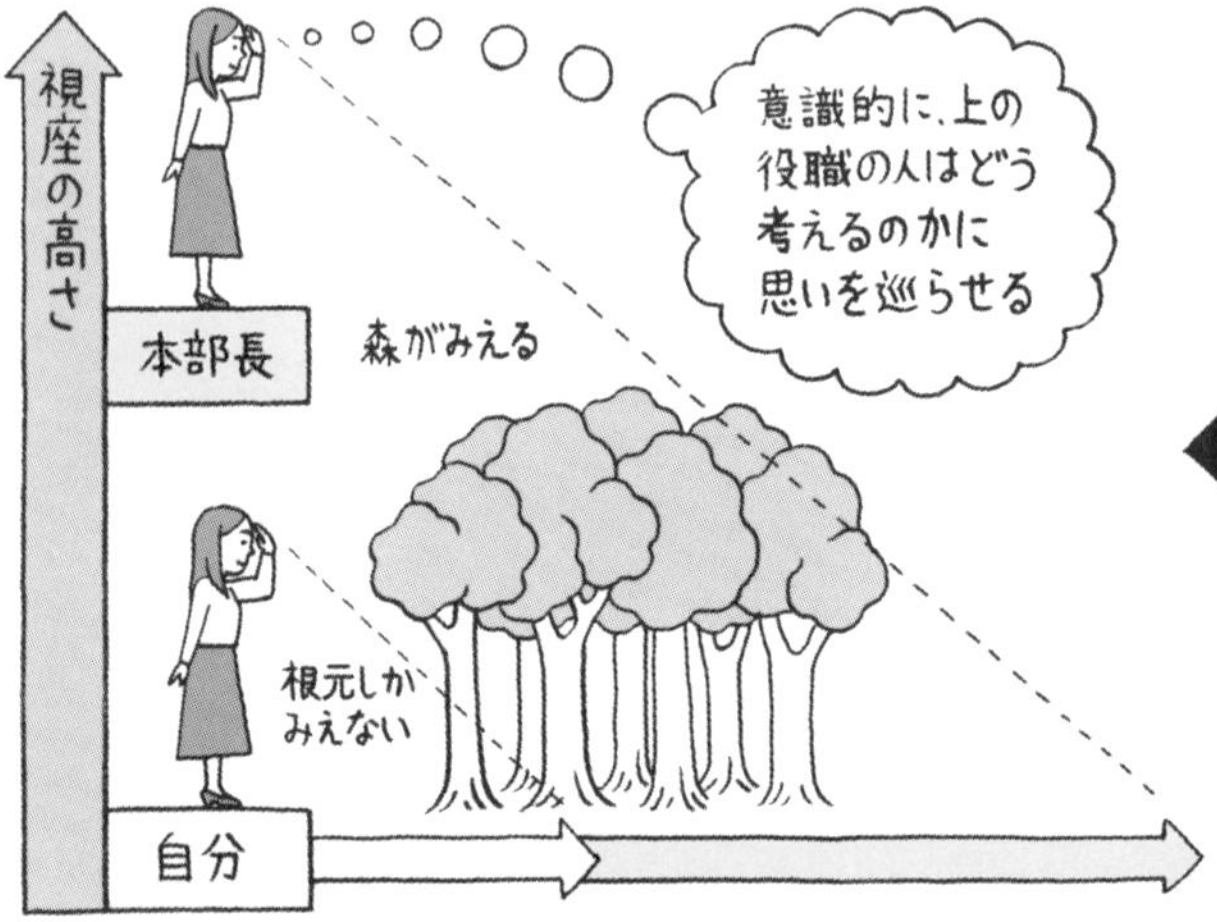

視座を高めるイメージ

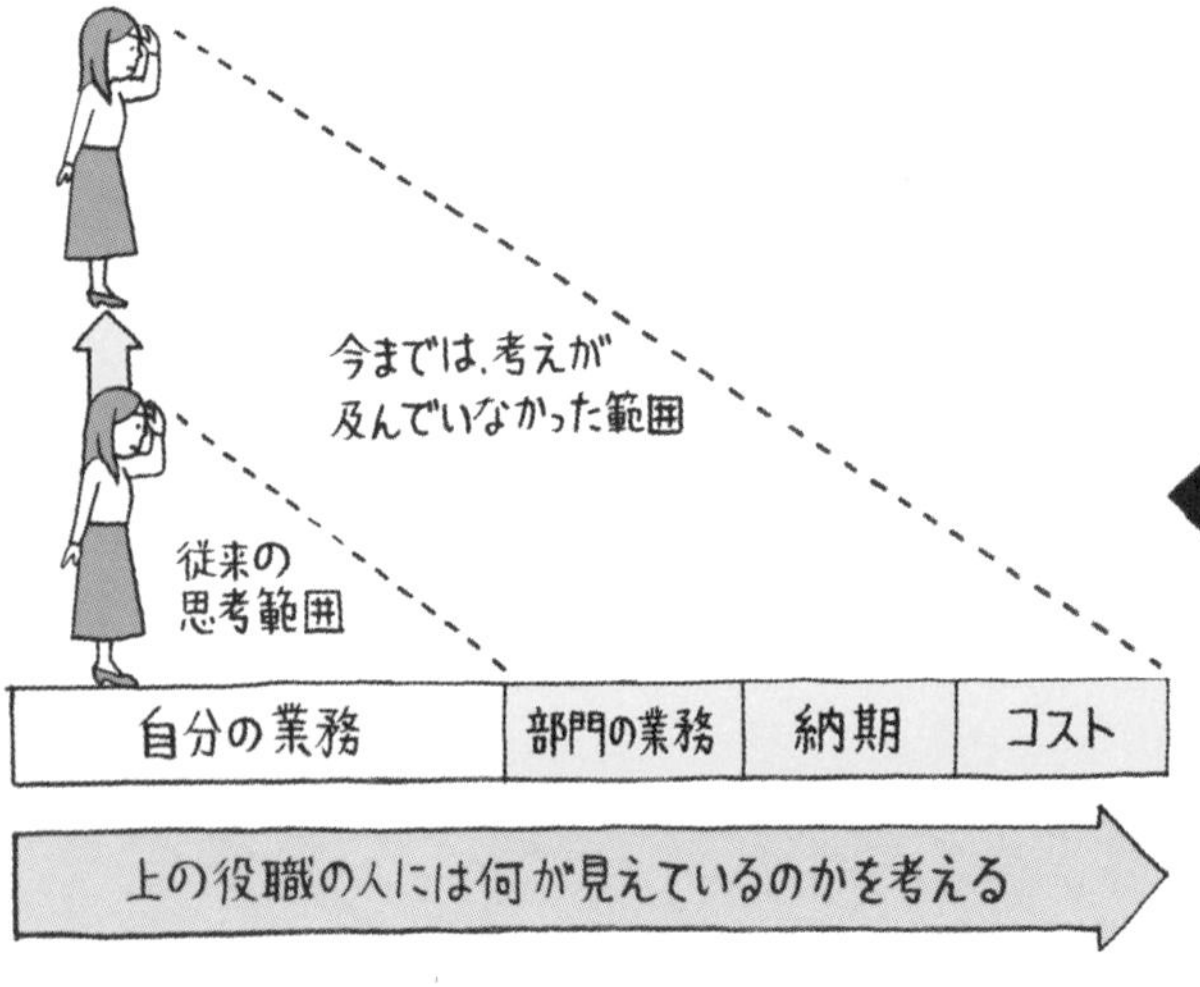

視座を高めるための考え方

ないと、ついつい自分の視座から自分のまわりのことだけを見てしまいがちです。ですから、部内に影響があるような施策を考えるときには、「部長ならどう考えるだろう」、「本部長ならどう考えるだろう」と意識して視座を変えながら考えるクセをつけるくらいのほうがいいでしょう。

そうした視点を持つことで、「自分の仕事だけではなく、部門全体としての仕事の負荷はどう変わるだろうか」、「部門全体でかかるコストはどのくらい増える／減るのか」など、今まで自分があまり考えなかったところまで考えを巡らせることができるようになります。

3. ステーキの食べ方を考える
――視点を増やして対応力を増やす

「視点を増やす」というのは、**物事を見るのに、一方向から見るのではなく、多面的に見ること」です。**

たとえばレストランでステーキを食べるときに、単純に「味」だけを見るのではなく、「肉の柔らかさ」、「脂の多さ」、「牛肉の産地」、「部位」、「焼き加減」、「味付けの仕方」、「原価」という具合にあらゆる視点から眺めることができると、ステーキについての知識・経験を体系的に深めることができます。

そして一度こうした視点でステーキを見ると、次に別のステーキを食べるときに、それぞれの視点で比較ができるようになるのです。

いきなり多面的に見るのは難しいということであれば、まずは自分が見ている側とはまったく逆の側面から見てみることから始めてください。

ビジネスで言うと「売る側の視点」だけではなく「買う側の視点」を持つこと、面接で言うと「面接を受ける側の視点」だけではなく、「面接官の視点」を持つこと、といったように、自分とは逆の立場から考えてみるだけでも、大きく視点を変えられるはずです。

多くの「視点」を持つことで、物事をより広く、深く考えられるようになるのです。

視点を増やすイメージ

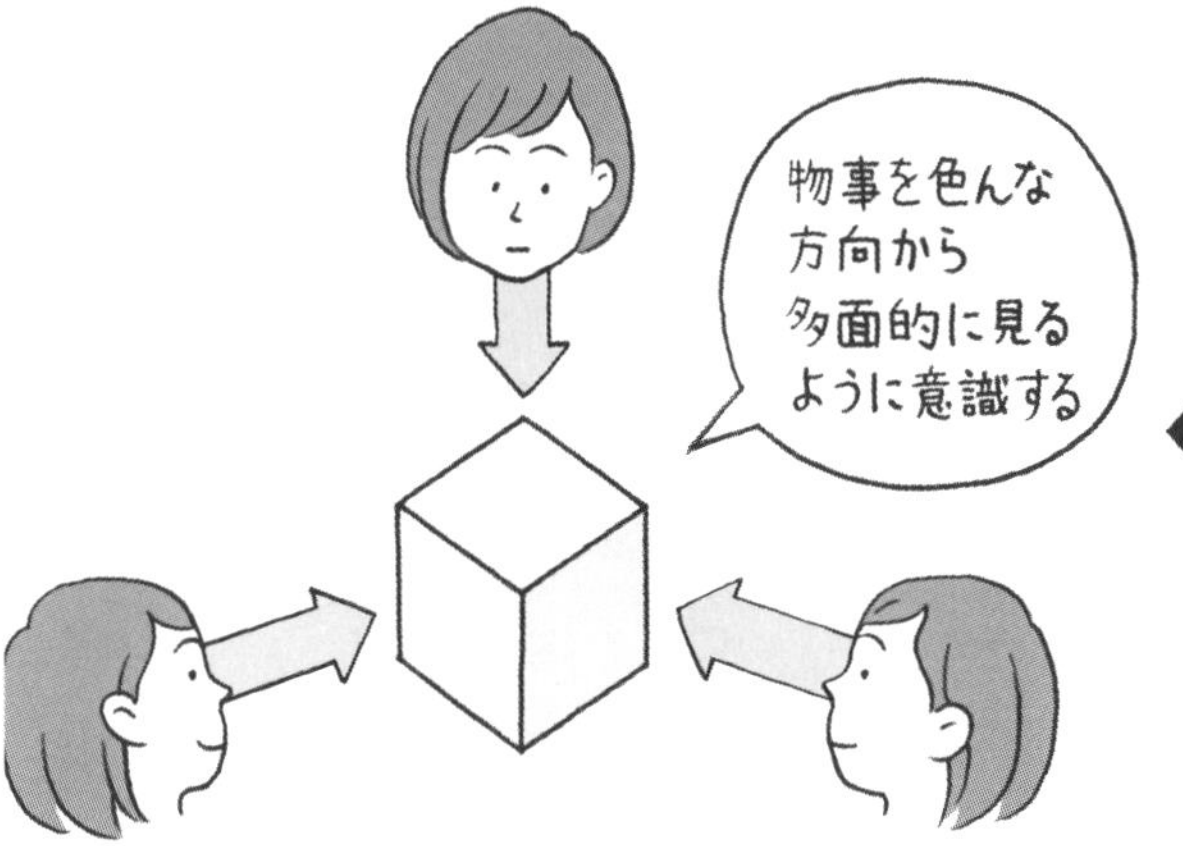

視点を増やすための考え方

03

「手応え」を手に入れるための2つの思考法

「全体像を見る」というのは、仕事のみならず、普段物事を考えるときにも非常に有効です。不透明で変動が激しい世の中では、これからもますます前例のない、何が正解かがわからない問題や課題に直面することが増えるでしょう。そんなとき、「考える」とはどういうことかを見つめ直し、**「自分で考える力」を鍛えておくことが、やりたいことを実現するためのスキルとして非常に大切です。**

考える際の頭の使い方は、大きく次の2つの思考に分かれます。

1. 水平思考
2. 垂直思考

第1章で4分割ノートを作るために自分の経験を洗い出した際にも使いましたが（39ページ）、まずは職種を広く洗い出し、次にその部門で実際に経験したことを深掘りする、という順序で深掘りしていきました。

水平思考とはこの順序の前者を指し、まず深掘りをする前に、何について深く掘るべきかの項目を広く洗い出しをする思考です。

一方、垂直思考とは後者を指し、水平思考で洗い出したそれぞれの項目に対し、ひとつひとつ深掘りをしていく思考となります。

大切なのはこの順番で、垂直思考で掘り下げる前に、水平思考で深掘りする項目をできるかぎり洗い出しておくことが重要です。そうしないと思考の抜け漏れが起きる可能性が高まってしまうのです。

1. 水平思考

それでは、まず水平思考について、具体的にどのように考えることでうまく進むのかを考えてみましょう。

項目の洗い出しの話をしていると、「水平思考で先に深掘りする項目を洗い出すべきだということは理解できます。でも、なかなかその項目が思い浮かばないんです」という意見が多くの方から出てきます。確かに、こうした項目を洗い出す「要素分解」のための頭の使い方は慣れていないと、はじめは苦労するかもしれません。

この要素分解で多くの項目を洗い出すためには、**単に頭に思い浮かぶものを並べていく「思いつき」ではなく、色々な物事をひもづけて導き出していく思考が必要なのです。**そして、物事をひもづけながら項目を導き出す**コツは、前項で触れた「視野を広げること」にあります。**

水平思考で深掘りする項目を広げていくためのコツは、たとえば「速く走るためには？」を考える場合に、前項で野球を見てサッカーまで考えを広げたように「速く泳ぐためには？」とか、「速く歩くためには？」とか、「高く跳ぶためには？」など、他の陸上競技を頭に浮かべながら、類似性、関連性を考えることで、視野を広げていくイメージです。

すると、今まで速く走るための方法が「鍛える」しか思い浮かばなかった人でも、次のように違った視点から選択肢を導き出せるようになります。

水泳から連想して考える①

・水泳だったら水の抵抗を少なくする水着を着る

←

・身に着けるものを変える

←

・陸上だったらいいスパイクを履く

水泳から連想して考える②

・飛び込みのタイミングが重要

←

・スタートの反応をよくする必要がある

・クラウチングスタートを導入する

↓

このように思考をほかのカテゴリからシフトさせる際は、「水泳の水着」を「身に着けるもの」、「飛び込み」を「スタート」というように抽象度を一段階上げて、どのカテゴリにでも使える言葉に置き換えてみると上手くいきます。

2. 垂直思考

水平思考で洗い出した項目を、ひとつひとつ深掘りしていくのが垂直思考です。その上で大事なのは項目の見落としがなく、客観的に分析すること。そのためには、「5W1H」や「MECE」を用いると、考えやすくなります。

5W1H

5W1Hとは、What、Why、Who、When、Where、How、日本

語に直すと「何を、なぜ、誰が、いつ、どこで、どのように」を考えていくことです。

SNSなら、何のSNSなのか、それらをどのように使っているのか、1日のいつのタイミングで投稿するのか、などを考えていくと深掘りできます。また商品知識なら、どの商品なのか、誰が使うことを想定して提案するのか、**どこで、どのように使うのか、などを考えることで、深掘りに幅が出てきます。**

MECE

MECE《ミーシー》とは、Mutually Exclusive, Collectively Exhaustive の頭文字をとった言葉で、「漏れなく、ダブりなく」の意味です。たとえば「世の中の人はどんな通勤手段を使っているのか?」を考えるときには「バス」「電車」「自動車」「自転車」「徒歩」に分けると、どの人も漏れなくダブりなく、どこかひとつのカテゴリに入るといったイメージです。このように分けることで、思考の抜け漏れも防ぐことができるようになります。

MECEを使うときに注意したいのは分類する軸であって、たとえば、住所や職業分類などまで細分化すると、必ずしも意味がない場合もあるので、**「目的」との関連性の高さで考える必要があります。**

○ いい例

漏れもダブりもない分類
成人は必ずこの枠のどこかひとつにあてはまる

	20代	30代	40代	50代以上
成人男性				
成人女性				

× ダメな例

漏れのある分類
枠に入らなかったり、ひとりが2つの枠に入ってしまう

	主婦	OL	会社員
成人男性			
成人女性			

［漏れがある］

学生　企業家

＝項目が抜けている

［ダブりがある］

OL　会社員

＝OLは会社員に含まれる

たとえば先ほどの水平思考で出てきた「鍛える」という案をMECEで深掘りしていくと、〝体の部位ならどこを鍛える？〟という切り口なら「首から上、胸筋、腹筋、背筋、腕、足」のように、漏れなく、ダブりなく分けられます。

また、5W1Hで「鍛える」という案を深掘りしていくなら、足や腕の筋肉をどうやって鍛えようか、どこで鍛えようか。「スパイクを変える」という案なら、メーカーやスパイクの重さをどう変えたら速く走れるのか、という思考になります。

思考フレームに才能や頭の良し悪しは関係ない

ここで述べている思考フレームの話をすると、「頭がいいからできるんじゃないでしょうか。私には無理です！」と言われることが多いのですが、実はロジカルシンキングには一般的にいわれる頭のよさとは別の頭の使い方が必要になってきます。

他業種や類似する事柄にまで思いをはせる水平思考や、範囲を絞って深掘りをしていく垂直思考に必要なのは、想像力とその仕事における深い業務知識です。ですから、一般的な頭のよさだけではこうした思考はできません。

思考というのは、ゼロから生まれるわけではなく、すでに頭の中にあるものの組み合わせから生じるものです。ですから、色んな経験を積んでいる人ほど、知識や想像力が優れているはずです。そうした想像力や知識は、頭のよい人しか身につかないものではなく、訓練や努力で誰もが身につけられるものなのです。

仕事は「完璧主義」より「ほどほど主義」のほうが早くラクにゴールする

第3章に引き続き、
やりたいことを実現するために
具体的に役立つ「仕事の進め方」の
スキルについて見ていきます。

CHAPTER 4

01

成長する目標は3段階で考える

○「こうなりたい」という目標を、まわりに伝える

仕事で自分が成長するためには、まず「自分がこうなりたい」、「これを成し遂げたい」という目標設定が必要不可欠です。人は向かう方向が明確になっていないと、漫然と意味のない時間を過ごしてしまいがちだからです。

そして目標を決めた後、その目標をより達成しやすくなる秘訣《ひけつ》が次の3つです。

目標をより達成しやすくするための3つの秘訣

- **紙に書くこと!**
- **SNSで言うこと!**

・まわりの知人に言いまくること！

「口に十」と書いて「叶う」という字になります。まさに、十回口に出せば夢や目標が叶うのです。ですから、**とにかく目標を自分の中にとどめておかず、まわりに言いまくってください。**

この話を聞いて、「なんて非科学的な……」と思う人もいるかもしれませんが、実は、そこまで非科学的な話でもありません。

まず紙に書いたり、SNSで言えるということは、きちんと目標がアウトプットできる形、すなわち具体的になっているということです。

さらにSNSやまわりの知人に自分の目標を具体的に発信することで、周囲にそのことをインプットすることができます。すると、あなたに対する周囲の行動も変わってくるのです。

たとえば「今年中にここまでエクセルができるようになりたいんです」と自分から言うことによって、周囲から「この本が一番わかりやすいよ」、「このサイト便利だよ」と教えてもらえるでしょう。あなたが口に出さなければ、こうしたまわりの人の協力を得られることはないだろうと考えると、**間違いなく「まわりに伝えることで、目標がより実現に近づく」のです。**

ちなみに僕も自分のブログが200記事ぐらいのときから、「いつかこのブログを本にしたい」と常々周囲に言っていました。

600記事ぐらいになった頃、僕より先に電子書籍を出していた友人から連絡があり、その心得、ノウハウなどを教えてくれたのです。おかげで、僕もついに自分のブログに書いていた内容を電子書籍化することになりました。当時は「電子書籍も立派な本だし、ついに目標を叶えた！」と思っていたわけですが、この話には続きがあり、なんとその電子書籍が半年余りで2万人を超える方にダウンロードされ、その流れで紙の書籍として出版されることになりました。その後もご縁があり、本書が3冊目の紙の書籍となります。

僕がブログを本にしたいと口にしていなければ、きっといまだに電子書籍すら出せていなかったでしょう。目標を明確にしてまわりに伝えることは、こんなにも目標達成に影響があるのです。

◯目標設定は「S」「M」「T」だけでいい

心理学の研究では、**具体的でやりがいのある目標を設定すると、90％の確率でパフォーマンスが向上するという結果が出ています。**(6) そこで、どのように目標を立てるべきかを考えていきましょう。

目標設定の質を高めるためによく使われるフレームとしては、「SMART」が有名です。非常に役に立つ考え方ですが、SMARTはもともと組織目標を決定するための考え方ですので、個人の目標を決めていく際には、このうち次の「SMT」の3つ「ビジョン」「数値」「期限」を意識しておけば十分です。

個人の目標設定の質を高めるフレーム「SMT」

S　Specific（具体的であること）
M　Measurable（測定可能であること）
T　Time-bound（期限が明確であること）

注(6) Locke, E. A., Shaw, K. N., Saari, L. M., & Latham, G. P. (1981). Goal setting and task performance: 1969-1980. Psychological Bulletin, 90(1), 125-152.

S　Specific（具体的なビジョンを持つこと）

「できる限り具体的なビジョンを持つこと」が大切です。特に個人で目標設定をするならなおさらです。ビジョンがなければ、結局何をすればいいのかわからず、行動に移せません。そして行動に移せない目標は、絶対に達成できません。**目標設定は、実現したときのイメージを細部まで思い浮かべることができるくらい具体的にすること**が実現への近道です。

M　Measurable（数値をつけること）

目標の実現率を高めるには、「目標に数値をつけること」。当たり前のようですが、意外に個人目標では自分に甘くなりがちです。「なんとなくやせたい」よりも、「何kgやせたい」とはっきり目標に数値がつくと、達成の進捗率を確認できるようになります。**数値を目視できるのでモチベーションの向上にもつながります。**

T　Time-bound（期限を明確にすること）

目標設定に欠かせないのが、「期限を明確にすること」です。当たり前のように思われていますが、「来年あたりに○○の資格にチャレンジしてみようかな」といった曖昧な期限設定だと、いつまでたっても到達できません。**いつまでにどれだけのことをやらないといけないのかを明確にすることで**、スケジュール管理もしやすくなり、達成率もアップします。

目標を3段階に分解し、具体化する

目標を立てた後に大切なのは、**目標達成に至るまでの道のりを「長、中、短」の3段階で区切り、さらに具体的な小さな目標に分解することです。**

たとえば「TOEIC（国際コミュニケーション英語能力テスト）の点数を6カ月後に200点上げたい」という目標を掲げたとしましょう。

まずは目標を3段階に分けます。

この場合は、6カ月ですので最終ゴールとなる長期は6カ月後、中期は3カ月、短期は1カ月としてみます。次はアクションを3つに分けていきます。半年後に200点上げるために必要な学習項目を設定します。TOEICでは「リスニング力」と「リーディング力」が必要ですので、「リスニングセッション（聞き取り）とリーディングセッション（読解）でそれぞれ100点ずつ上げる」という目標に分解することができます。

また、リーディングセッションで100点上げるためには、さらに「単語を1日10個覚える」、「構文を1日5個覚える」、「長文を1日2つ読む」、同様にリスニングセッションで100点上げるためには、「1日30分NHKのラジオを聴く」、「1日30分、英語の音声を聞いてシャドーイングする」といったように、さらに**細分化された具体的な目標を設定していくイメージです。**

次に重要なのは「具体的な実現性」で考えることです。

まずは挫折せず続けて結果につながる目標を設定することが大事です。

重要なのは「短期」「中期」「長期」の3つに分けた期間を自分の具現化できる範囲で考えること。例題の場合、最短＝1日でできることとして「単語を10個覚える」など手始めにできる項目にしています。

中期となる3カ月後は、少し自分の意思力がいるところで達成できる項目を考えていきます。この場合は「3カ月後にがんばってできる項目」が先ほど分けた「リスニング」と「リーディング」で各100点ずつ上げることです。最後は6カ月後にゴー

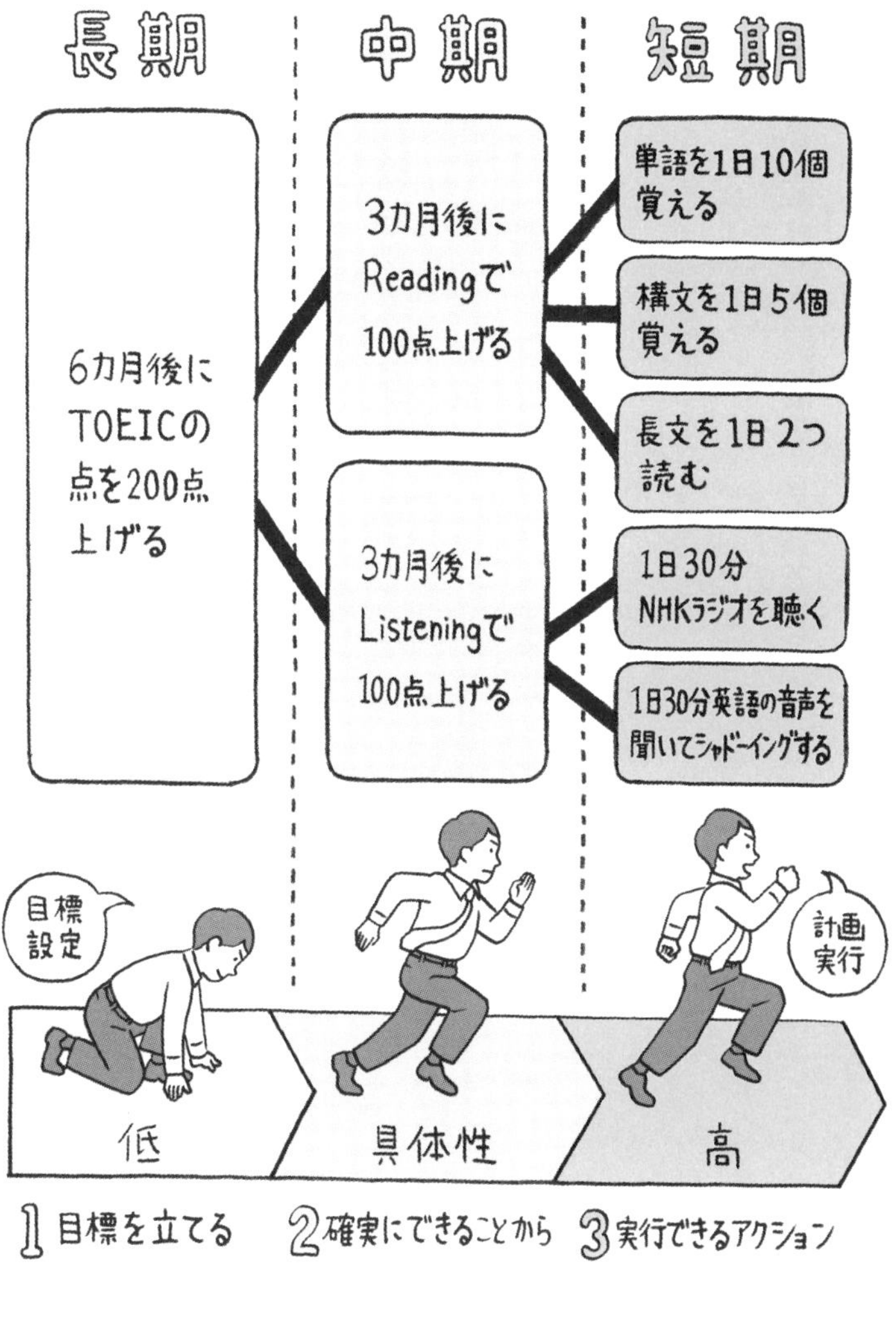
長期
中期
短期
6カ月後にTOEICの点を200点上げる
3カ月後にReadingで100点上げる
3カ月後にListeningで100点上げる
単語を1日10個覚える
構文を1日5個覚える
長文を1日2つ読む
1日30分NHKラジオを聴く
1日30分英語の音声を聞いてシャドーイングする
目標設定
計画実行
低
具体性
高
1 目標を立てる
2 確実にできることから
3 実行できるアクション

ルとなる「200点アップ」になるわけです。

こうして**大きな目標を小さな目標に分解し、実行しやすいアクションまで落とし込むことができると、目標に対する行動が非常に具体的になります。**そのうえで手の届くところから着実にこなしていくことが、目標につながるのです。

目標達成は1日目から考える

目標が具体的になり、そこに数値がつき、期限が明確になると、いつまでにどれだけのことができていなければいけないかが明確になります。すると、期限が来る前に、今の進捗状況をチェックし、把握できるようになります。

一般的には「中間チェック」などと言われますが、実際にスケジュールの真ん中でチェックを行うのがベストかというと、そんなことはありません。たとえば目標となる納期が10日後に設定されているなら、1日目が終わった時点ですべきことの10分の1が達成できていなければなりませんし、もし達成できていなかった場合、今のやり方ではダメなので、すぐさま次のやり方を考えて、変える必要があります。

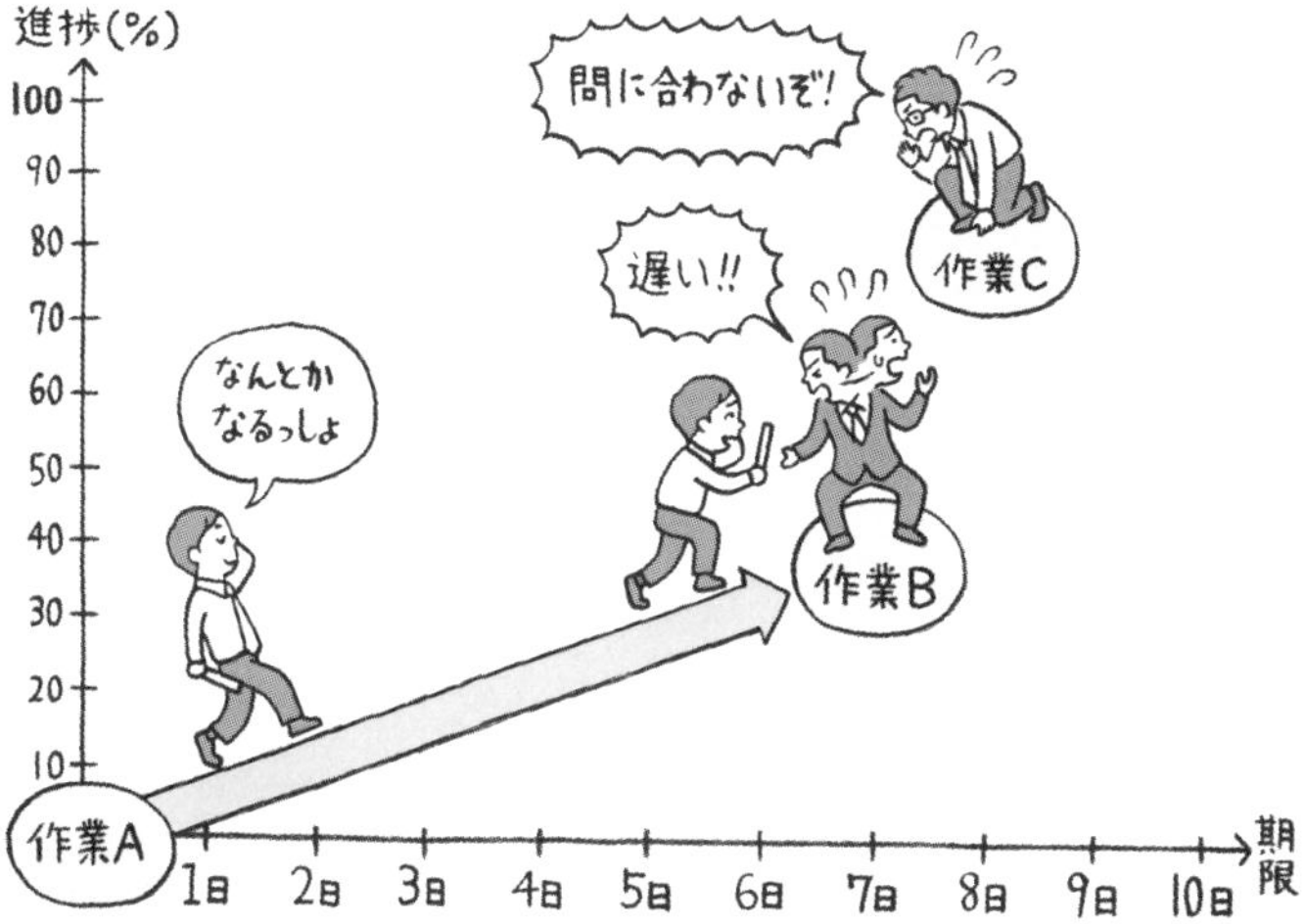
進捗(%)
100
90
80
70
60
50
40
30
20
10
なんとか
なるっしょ
遅い!!
問に合わないぞ!
作業A
作業B
作業C
1日
2日
3日
4日
5日
6日
7日
8日
9日
10日
期限

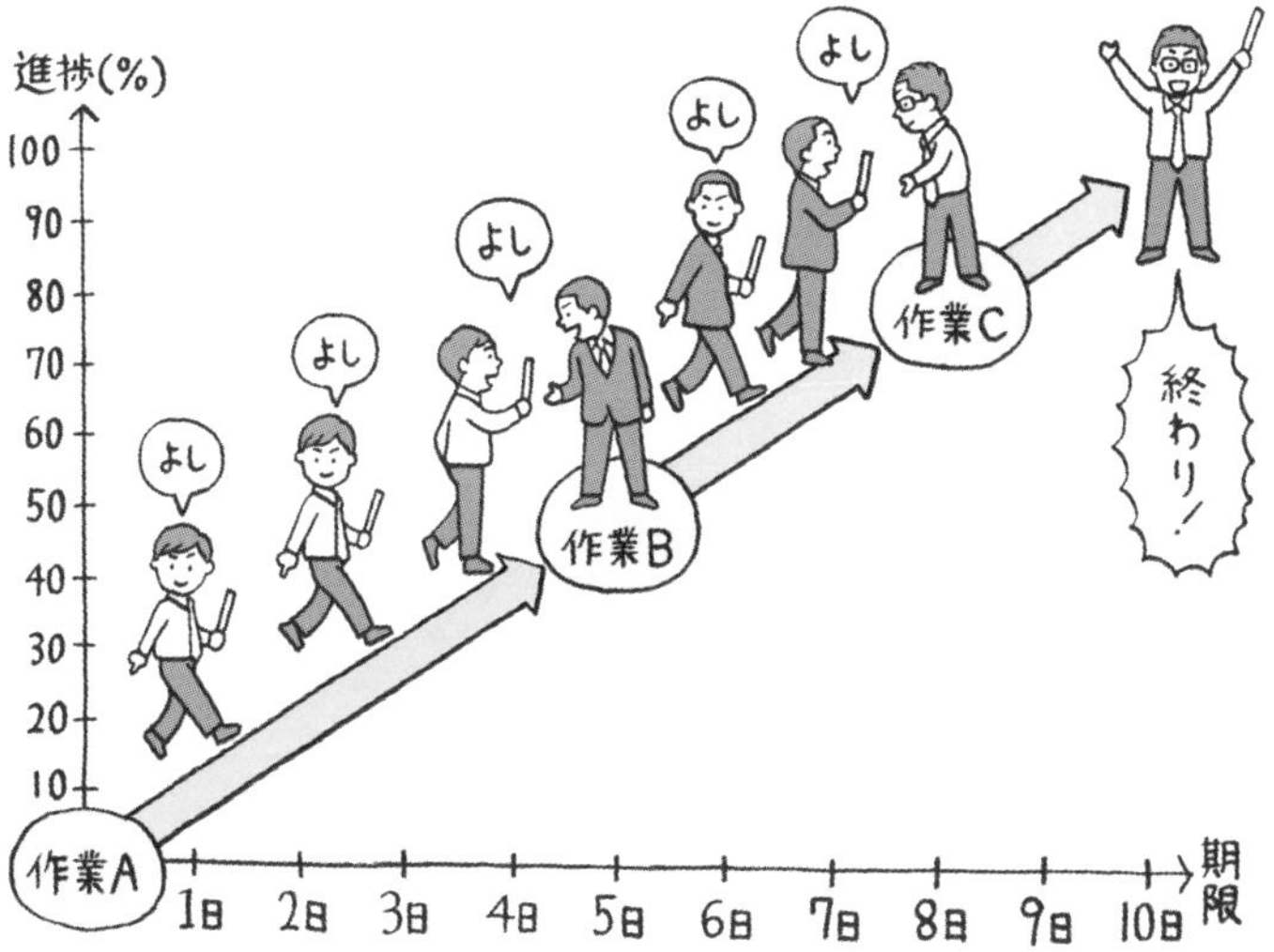
進捗(%)
100
90
80
70
60
50
40
30
20
10
よし
よし
よし
よし
よし
終わり!
作業A
作業B
作業C
1日
2日
3日
4日
5日
6日
7日
8日
9日
10日
期限

仮にチェックがちょうど半分の5日たった時点で初めて行われるようなスケジュールだとしたら、チェックの時点で3割しか終わってなかった場合、リカバリーするのに5日しかありませんから、相当無理をしないといけなくなってしまいます。なかには、締め切り直前の9日目でようやくチェックして、5割しか終わってないことが発覚する場合もあるかもしれません。そうなると、もうお手上げです。ですから、早いうちに遅れに気づいて軌道修正できるように、**できるだけ初日から頻繁に中間チェックを行う必要があるのです。**

02

仕事の間違いは「失敗」ではなく「小さなやり直し」

仕事に○も×もない

社会人になって仕事を始めた当初、成長過程において、多くの人が抱く感情があります。それは、「間違ったらどうしよう」という気持ちです。たとえばクライアントに送るメールや議事録などをその都度、確認してもらわないと不安になるという人もいるでしょう。

こうした気持ちが湧いてくる背景には、私たちが受けてきた教育があります。学生時代、私たちは常に「○か×か」で採点されてきて無意識下で「間違うこと」を恐れてしまっています。しかし、そもそも仕事には「○」も「×」もないのですから、「間違っているかもしれない……」とビクビクする必要はないのです。もちろん、日々仕事をするなかで、上手くいかないことはあります。ただ、覚えておいてほしいのは、それは「失敗ではない」ということです。

学生時代の評価
100
0
同じ基準のもと、○か×の評価がされる
仕事での評価
目標
仕事には○も×もない。結果の出し方は十人十色！

失敗ではなく、小さなやり直しと考える

仕事において、取り返しのつかない大失敗なんてそう多くありません。特に若手に任される仕事においては、何をしても取り返しがつかなくなるようなことはほぼないでしょう。であれば、間違ってしまった場合は、すぐに訂正すればいいだけです。**仕事における間違いは、「失敗」ではなく、あくまでも目標達成に至る途中の「小さなやり直し」でしかないのです。**

一見すると失敗に思えることも、実は人生における貴重なフィードバック。そこから学びを得て、小さなやり直しを重ねることで、私たちは経験値をどんどん高めていけます。

このように、**仕事で自分がやったことに失敗などなく、行ったことすべてが自分の成長につながります。**ですから、たとえ間違っても萎縮《いしゅく》せずに、堂々と自信を持って、やり直しを続けてください。

とはいえ、ミスやトラブルを起こしてしまったときは、早い段階から上司や先輩に報告だけはしておきましょう。「上司に言いにくかったから、タイミングを計ってい

るうちに時間だけが過ぎてしまって……」という若手の話もよく聞きますが、こうした報告は早ければ早いほど、まだ傷が小さいので、手の打ちようがあります。しかし変に隠したり、放置してしまったりすると、のちのち話が大きくなって、手がつけられない問題に発展してしまいます。

悪い報告は、時間が経てば経つほど言い出しにくくなってしまうもの。気づいた「今」がもっとも報告しやすいタイミングだと肝に銘じてください。

やってはいけない「他責」アクション

もし、ミスに気づいた場合は、「自分ごと」としてとらえる「自責思考」で対応しましょう。

自責思考というのは、何か問題が起きたときに、「自分にも責任の一端がある」と考える思考のこと。この考え方を持つ人は、当事者意識が高い人だとも言え、責任感も強く、周囲にとっても、一緒に仕事をしていても信頼できる存在でしょう。そんなこと当たり前と思うかもしれませんが、これができない人は年齢に関係なく意外に多くいます。実は、科学的にも責任を転嫁するのが当たり前の組織は、グループメンバーの創造性が低下し、パフォーマンスが低下する可能性が高いという結果が南カリフォルニア大学の研究で明らかになっています。[7]

もちろん、何もかも自分の責任だと考えてしまうと苦しくなるので、自分ごととして受けとめつつも、その**結果を受けて、「自分の仕事の仕方をどう変えていくべきか」にフォーカスするようにしてください。**

今回のミスはどうすれば防ぐことができたのか、次からは何に気をつけるべきか。こうしたことを反省し、深く考え、今後の行動を変えていくと、自分の経験値になり、ミスも減っていきます。仕事ができる人というのは、こうした自責思考で、ミスをさらなる成長に変えて、パフォーマンスを向上していくのです。

逆にやってはいけないのが自責思考とは真逆の考え方である「他責思考」です。他責思考というのは、何かミスや問題が起こったときに、他人に責任があると考える思考のこと。当然ながら、当事者意識もありません。

このような人は、自分がミスをして遅れが出てしまった場合でも、「なんで誰もミスが起きたときの対応策を事前に決めてなかったんだよ。おかげで俺が怒られたじゃないか」というような考え方をしてしまいます。

注(7) Nathanael Fast.Blame contagion: The automatic transmission of self-serving attributions. January 2010 Journal of Experimental Social Psychology 46(1):97-106.

こうした他責思考は、「自分は悪くない、まわりが悪いんだ。自分は何も改善しないでいい」というスタンスであるため、考え方も行動も、仕事のやり方も変わることがありません。**こうして他責思考の人は、自らが成長しない道を選択してしまっているのです。**

そして、それだけではありません。こうした問題を自分ごとだと受けとめて責任を持って仕事をしている人なのか、それとも自分は悪くないと主張して、責任を人に押し付けている人なのか――。周囲はちゃんと見ています。最終的に、重要な仕事を任せられるか、あるいは信用できるかなど、あなた自身の評価になるのです。

03

経験なき知識に、実りある知恵は生まれない

知恵をつけるには、経験というプロセスが必要

ここまでは、目標を決め、チャレンジをし、ミスや問題があっても気にせずに仕事を進めていくべきだと述べてきました。なぜなら、「実際にやってみる」という経験こそが、成長のためには欠かせない要素だからです。

自分の道を決めてチャレンジをしている人の中には、自身の成長のために、さまざまな書籍や社内マニュアル、テキスト、インターネットサイトから学習し、知識を詰め込んでいる人もいるでしょう。

どんな仕事をする場合にも、確かに知識は不可欠です。ですが、知識だけあっても、実際にそれを活かすことができなければ意味がありません。**知識は経験を伴ってはじめて、活用できる知恵になるのです。**

では、知識と知恵の違いはどういった点にあるのでしょうか。広辞苑によれば、知識と知恵は次のように定義されています。

「知識」＝ある事柄について知っていること。またその内容
「知恵」＝物事の理を悟り、適切に処理する能力

これは、シンプルに考えれば、このように置き換えられます。

- **知識＝インプット**
- **知恵＝アウトプットするためのスキル**
- **知識＋経験＝知恵**

たとえばここに、唐揚げのレシピがあります。このレシピを使って実際に美味しく作れる人と、作れない人の違いはどこにあるのでしょうか。

1．鶏もも肉をひと口大に切る

2. 切った鶏もも肉と調味料を袋に入れ、揉《も》み込んで下味をつける
3. 片栗粉と小麦粉で衣をつくる
4. 衣をまぶす
5. 高温の油で揚げる

ある程度の料理経験がある人なら、レシピを見ただけで美味しい唐揚げを再現できてしまうでしょう。しかし、普段まったく料理をしない人にとっては、そう簡単なことではありません。

- ひと口大とはどのくらいの大きさが適当か
- どのくらいの時間で揉み込むと、どのくらい味がつくのか
- 揉み込むときには、どのくらいの力で揉めばいいのか
- 片栗粉と小麦粉はどれくらいの割合で混ぜるべきなのか
- 衣をまぶすとは、どれくらいの量をまぶすのがいいのか
- 高温の油とは、どれくらい熱した油のことを指すのか
- それぞれの工程にどれくらい時間がかかるのか
- ある工程をしている間に、他の工程をどう準備しておくべきか

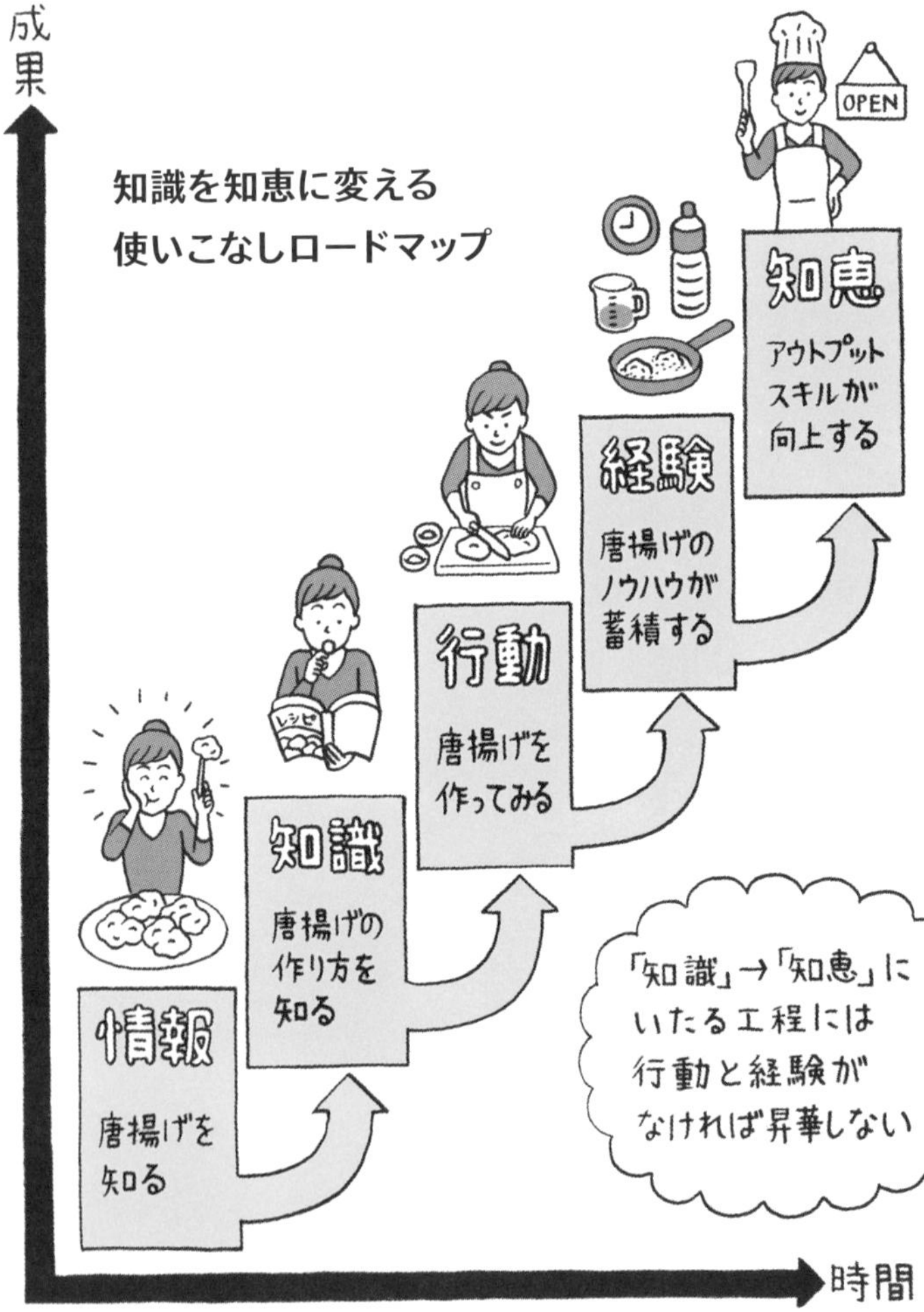
成果
知識を知恵に変える
使いこなしロードマップ
情報
唐揚げを
知る
知識
唐揚げの
作り方を
知る
レシピ
行動
唐揚げを
作ってみる
経験
唐揚げの
ノウハウが
蓄積する
知恵
アウトプット
スキルが
向上する
OPEN
「知識」→「知恵」に
いたる工程には
行動と経験が
なければ昇華しない
時間

「そんなのある程度わかるでしょ」と思うのは経験があるから。経験がない人は、それぞれの工程でこんなことを考えながら、ひとつひとつ止まってしまいます。

ここでわかるのは、レシピという「知識」だけ得ても、おいしい唐揚げが作れるわけではないということ。レシピとはあくまでも材料と手順が書いてあるだけのものであり、そこに書かれていない行間を埋めるのは「知恵」なのです。

ですから、**知識を知識のまま寝かせておくのではなく、その知識を使って何かにチャレンジしてみることで、ノウハウを蓄積し、アウトプットスキルを向上させる必要があります。**

チャレンジは「広く」「浅く」「短く」で見極める

こうしたチャレンジをするにあたり、完璧な計画を作ってからでないと動きたがらない人がいます。しかし、完璧な計画などいつまでたっても完成しないのですから、ある程度計画ができた段階で、動きながら考える、というように、まず行動を起こしてみることが重要です。

もちろん目標達成に対して必要なことをすべて計画・タスク化してその通りに実行

できたら理想的ですが、実際にはやってみないとわからないことも多く、計画を変えないといけないケースも多々あります。

似たようなケースで、目標達成に向けた手法の案が10個あったとして、それらを実際に試してみることなく机上で比較した上で、ひとつの案に絞って成功させるというのも非常に難しいものです。

そこで僕は、新しいことを始めるときには次のように意識しています。

新しいことを始めるときの４つのルール

1. Try a lot（多くのことに手を付ける）
2. Small start（小さく始める）
3. Check the result（結果を確認する）
4. Scale it（手ごたえのあるものを大きくしていく）

チャレンジしたい10個の方法の絞り込み

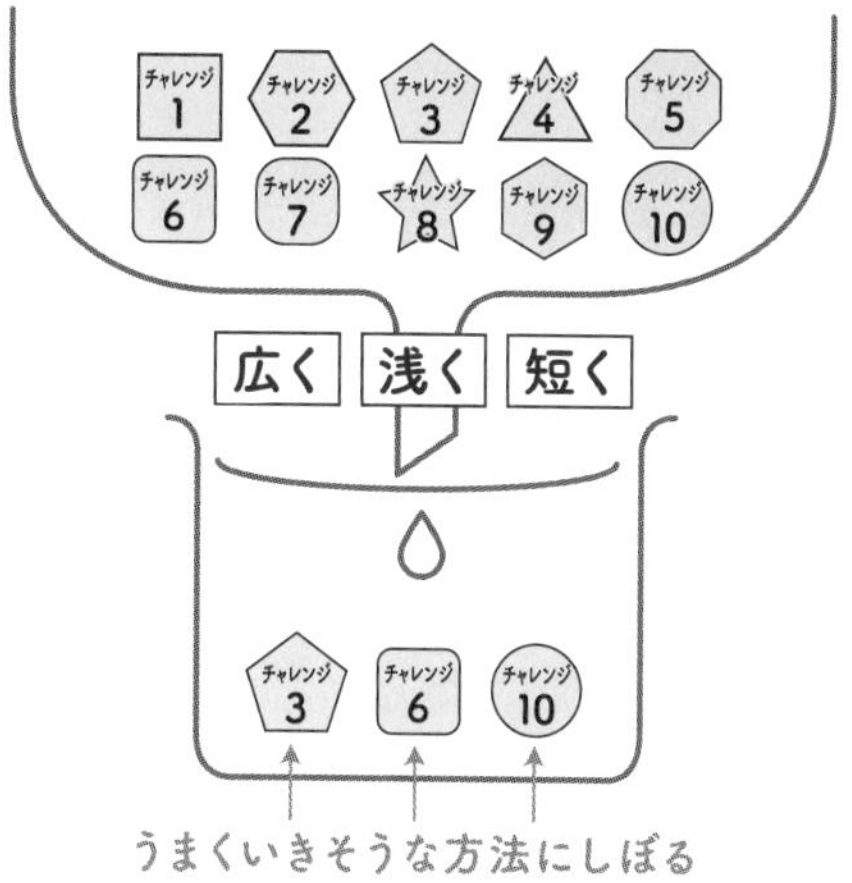

10個の手法を少しずつ小さく始めてみると、その中のいくつかは、物事を進めていく上で障壁が思いのほか高かったりすることに気づくものです。もしひとつに絞って、リソースを全力投入した案に障壁があった場合は目も当てられません。ですから、新しいことに挑戦する際は、こうした結果を踏まえながら、多くのことを「広く」「浅く」「短く」で判断します。**選択肢を「広く」持ち、手応えがわかる範囲の「浅さ」で、「区切りのいい最短の期間」で見極めます。そうしたものだけに徐々に注力するようにしていくほうが、理に適《かな》っています。**

このように、まず行動して、試しながらやり方を変えたり注力する対象を変えたりと柔軟に動くことで、より目標が実現する可能性が高まるのです。

○チャレンジしないことを恐れよう

「とにかく色々なことにチャレンジしよう!」とアドバイスすると、「やったことがないことをするのは、リスクがありそうで怖いんです」という相談を受けることがあります。私たちは一度でも経験したことがあることをやるほうが安心できるので、不安になる気持ちもわかります。

ただ、やったことがあることだけを繰り返していても、そこにはまったく成長がありません。**変動の激しい不透明な時代には、「やったことがないことをやる」よりも、「やったことがあることだけやる」ほうがはるかにリスクが高いのです。**

僕も、過去に上司から次のようなことを言われました。

・今のままがいい人は、チャレンジしない
・チャレンジしない人には、成長がない
・成長がない人には、魅力がない
・そして、魅力がない人のまわりには、人も集まってこないし、チャンスも来ない

もし**「現状を変えたい」、「もっと自分の力を発揮したい」と感じているなら、とにかくやったことがないことをやってみてください。そこには必ず発見があり、新たな経験値になります。**

「今までできなかったことができるようになる」――これこそがまさに成長であり、やりたいことができる「自信」につながるのです。

04

A3手書きで思考を活性化

○僕の思考を180度変えたA3手書き

あなたは自分の考えをまとめたり整理したりするとき、どのような方法をとっていますか。パソコンですか？　それともスマホにメモをしていますか？

僕は20代半ば頃までは、すぐにパソコンに向かうタイプでした。上司に「あのプランはどうなってる？」と訊《き》かれたら、「今の考えをパワーポイントにまとめてみたので送ります！」といった感じで、思考の途中経過をパソコンできれいなアウトプットにまとめて見せるのがいい、と信じ切っていたのです。

ところが僕が経営企画本部に配属になり、本部長に同じことを言った際、**「思考過程でパソコンを使ってはいけない」と、次のように指導されたのです。**

「お、難しい顔してパソコンに向かってるじゃん。何やってるの？」

「いやー、今パワーポイントで企画書を作成してるんですけど、アイデアが上手くまとまらなくて……」

「ちょっと待って。今の段階でパワーポイントなんか使っちゃだめだよ。思考がそこで止まってしまうからね。思考するときには、まず鉛筆でＡ３の白紙にまとめなさい。Ａ４ではなくＡ３だよ。思考の広さ・深さは描いているキャンバスの広さに比例するからね」

「ええ！　鉛筆で手書きですか？」

正直、こう言われた当時は、目からウロコでした。社会人は何にでもパソコンを使うべきだという先入観があり、パソコンは紙よりも優れているという思い込みもあったからです。

また、**必ず鉛筆を使うのがポイントです。ボールペンで書き間違えたくないからといってＡ３用紙に書き込むのをためらっていたら本末転倒です。**思考のプロセスなんて間違っていると感じたら何度でも書き直していいわけですから、鉛筆と消しゴムを用意して、思う存分好きなように頭の中で考えていることを紙に書き出してみてください。**A3手書きで「考えること」はきっと、あなたのキャリアでも大きな強みになるはずです。**

この一件でA3用紙に手書きをするようになってから、僕の考え方は大きく変わりました。もちろん今でも僕の思考はまず、A3に鉛筆で手書きからスタートします。まわりの人にもA3手書きをすすめていますが、一度手書きで物を考えるようになった人はみんな、「もういきなりパソコンに向かうなんて考えられない！」と口を揃《そろ》えて言うほど、**アウトプットの質も量もはっきり大きく変わるのです。**

では、なぜいきなりパソコンに向かってしまうとダメなのか。その思考を実践するなかで僕が感じた理由は2つあります。

ひとつは、パソコンに向かって考えていると、どうしてもプロセスが「思考→操作→描画」となって、思考が分断されるということです。

たとえば円をひとつ描くにしても、手書きの場合は好きな場所にサッと描くだけですが、パワーポイントなどで円を描こうとすると「操作」が必要になります。その操

パソコン
清書機能として考える
脳よりは視覚を稼働
あらかじめ枠組みが決まり、次の思考が広がらない
文字、大きさ、レイアウトなど修正に手間がかかる
案1
案2
機能
機能

手書きノート
思考機能として考える
五感をフルに使い創作性を高める
キレイより内容の洗い出しを先行
修正や追加する工程がしやすい
案1
案2

作に気をとられて手間どっているあいだに、思考そのものが収縮してしまうことがあるのです。

2つめは、思考の途中段階でパワーポイントを使って整えてしまうと、まだ途中段階だとわかっていても完成品のように見えてきて、新たなアイデアを入れにくくなるということです。

この2つめは本当に危険で、まったく思考が広がらなくなります。追加の案が出てきても、再度列を挿入してフォントの大きさや改行場所も含めて表をキレイに整える作業のことを考えると、ついつい新しい案の追加を拒絶してしまいます。

便利だからといって、ツールによって思考を制限してしまうのは本末転倒。パワーポイントなどで自分の案を清書するのは、自分の考えが出そろって整理し終わったあとにすべきです。つまり、**パソコンはアイデアをまとめるツールではなく、「アイデアをきれいに清書するためのもの」と覚えておきましょう。**

◯キーボードを叩いても脳のスイッチは入らない

手書きの効能は、実は脳科学の観点からも立証されています。**「手書きで文字を書く」のと「キーボードを打つ」のでは、脳の働きがかなり違うのです。**

ノルウェーのスタヴァンゲル大学とフランスのマルセイユ大学の共同研究では、手書きとタイピングの双方の状態で脳の働きをMRIスキャンした結果、手書きをしている人の脳でのみ、「言語処理に関わる「ブローカ野」が活性化することがわかりました。[(8)] また東北大学の研究でも、自分の指先を使う手書きが脳の前頭前野を活性化させるのに対して、デジタルツールを使った場合には活性化しないという結果が出ています。[(9)]

ちなみに前頭前野というのは、記憶や学習にも深く関連する部位で、思考や創造性、理性をつかさどっています。簡単に言えば、**手書きで文字を書く行為は、タイピング**

注(8) Anne Mangen, Jean-Luc Velay.Digitizing literacy: reflections on the haptics of writing. Advances in Haptics,387-402
注(9) 川島 隆太，手書きの習慣が前頭前野の「論理力＋情緒力」を飛躍的にアップさせる 脳科学が解明！「書く力を磨けば仕事力も上がる」 President 43(20) Oct 17, 2005, p.50 ～ 55

やスマホのフリック操作とは違って、指先を繊細に動かす必要があるので、脳がフル活動しているということです。その分、脳が活発に働くので、記憶にも残りやすくなります。

デジタル入力した内容は、必ずしも我々の脳内で情報処理されるとは限りません。パソコンやスマホで入力したのに覚えていないということはよくありますが、**手書きで書くと、身体が行為そのものを記憶します。**ですから内容を思い出そうとしたときにも、「ああ、あのときこんなふうに書いたはず」という具合に、すんなり記憶を呼び起こすことができるのです。

○ノートの大きさは頭の中の大きさ、広く大きく使おう

僕が20代の頃はずっとA3のコピー用紙を使っていたのですが、使い勝手がいい半面、保管性が高くないため、考えがまとまってワードやパワーポイントなどできれいなアウトプットになった後は、いずれ捨てられてしまう運命にありました。

普段はほとんど見返さないものの、何年か経って「あのときはどう考えてたっけ」と振り返りたいときには何も残っていない……。あれだけA3用紙に手書きしてきた

にもかかわらず、残念ながら今現在、僕の手元にはその紙が１枚たりとも残っていません。

「これはもったいなさすぎる……」と、思考のプロセスを残すことの価値を改めて感じた僕は、「紙と違ってノートだと、そうそう捨てることもないだろう」と考え、Ａ４判のノート（見開きＡ３）を使うことにしたのです。

とにかく僕は手書きで自分の頭の中にあることをどんどんノートにアウトプットしていたので、「ノートに書いてあること＝その時点での自分の考えのすべて」であり、ノートを見れば、ひと目でその当時の自分の考えに戻れるようになりました。

このようにきちんと思考のプロセスを残しておくことで、毎回ゼロから思い出す必要がなく、それまでの思考の積み上げからスタートできるようになるため、どんなときでも無駄がなくなるのです。第５章ではノートの書き方を述べていますので、ぜひ試してみてください。

05

プレゼンは「やりたいこと実現」へのトンネル

苦手意識を解決する「慣れ」と「準備」のテクニック

世の中で影響力がある人というのは、人前でしっかり自分の意見を伝え、相手を納得させられる力がある人です。

こうした人たちと同様に、人前で話すことに慣れて「相手を納得させる力」が身につけば、会議でもプロジェクトでも、全体を引っ張ってリードしていく側に立てるようになり、自分が思うように仕事を進められる場面が増えてきます。

逆に、自分の意見が述べられずに、いつもほかの誰かの意見ばかりが取り上げられると、いつまでたっても自分の意見は仕事に反映されません。そうなると、仕事にも面白みを感じられなくなってしまいます。

ですから、できるだけ人前に出て、場数を踏み、自分の考えや思いをほかの人に伝えられるようになりましょう。こうすることで、「やりたいことを実現する可能性」

を格段に引き上げます。

とはいえ、プレゼンなど、人前で話すのは苦手だという人も多いでしょう。普段おしゃべりが好きという人でさえ、大勢の前で話すとなると、「うまく話せなかったらどうしよう」、「頭が真っ白になったらどうしよう」、「話した内容が響かなかったらどうしよう」と不安に感じてしまうものです。

次のような調査結果もあります。

2019年に実施された「人前で話すことへの苦手意識についての調査」（ベースメントアップス株式会社）によれば、社会人の84％が人前で話すのが苦手だと回答した。[(10)]

こうした結果を見ると、世の中の人がいかに人前で話すことに苦手意識を持っているかがわかります。

注（10）https://prtimes.jp/main/html/rd/p/000000101.000045126.html
人前で話すことへの苦手意識（2021年3月18日閲覧）

ですが、その苦手意識は「準備」と「慣れ」で十分克服ができます。人前で話す前には、どのようなことを考えて、どう準備をするべきなのか、ポイントを押さえれば格段にレベルアップするはずです。

○誰に対してプレゼンをするのかを考える

「プレゼンテーション」という言葉の語源を調べていくと、「プレゼント」に行き着きます。つまり贈り物、「相手がほしいと思うものを届けて、心を動かすこと」という意味が込められているのです。

家族や友人に、プレゼントを選ぶときのことを想像してみてください。「何が好みかな」「今どういうものが必要かな」と、相手の立場になって色々考えるものですよね。プレゼンも同じです。プレゼンを準備する前には、**まず相手がどのような人たちで、何を求めているのかを、相手の視点から考える必要があるのです。**

たとえばひと言でプレゼンといっても、次のような種類があります。

・社長や役員など、決裁者に向けて話すプレゼン
・営業に向けて話す、販売促進プロモーションに関係したプレゼン
・新企画や新事業など、自分の考えた企画を上司に発表するプレゼン

相手が社長や役員などの決裁者の場合は、会社全体の業績にどういった影響があるのかを知りたいだろうし、営業担当ならば、そのプロモーションの具体的なターゲットやお客様への告知方法などを知りたいはずです。このように**相手がどんな視座や視点でプレゼンを聞くかによって、伝えるべき内容も大きく変わってきます。**

そのため、プレゼン資料作成の相談を受けた際には、最初に必ず「誰に対してのプレゼンなのか、相手は何を求めているのかを明確にして」とアドバイスしています。

「プレゼン力」アップは「知名度」アップに通ず

人前で積極的に話すことのもうひとつのメリットは、まわりの人に自分を認知して

もらえるようになるということです。

社内でまわりの人がどれくらい仕事ができるかというのは、なかなか見えにくいもの。だからこそプレゼンの場は「私にはこんなスキルがあって、こんな仕事ができます」とアピールできる絶好の場なのです。また、人前に出て話す機会が増えるほど、上の人の目にもとまりやすくなります。周囲からも「彼ならきっとこう考えて、こんなふうに仕事を進めてくれるはず」と思われ、抜擢されやすくなるはずです。すると、プロジェクトなどで「誰をアサインしようか」という場合にスポットライトが当たりやすくなるなど、社内でのチャンスも増えてきます。

ただ待っているだけでは、自分を知ってもらう機会は、なかなかやって来ません。**自分のスキルを周囲に知ってもらえるよう、人前で話す機会には臆せずに手を挙げてチャンスを広げてください。**

○プレゼン上手は、告白上手

いざ人前で話すとなれば、「自分が伝えたいポイントは何か」を考え、準備することになりますが、その準備として、「自分が話す内容の原稿を作って、本番で読む」

のは、おすすめしません。

プレゼンでは、自分が考えたことを伝え、聞いている人の心を動かさなければなりません。そのために一番有効なのが、「自分の言葉で伝える」ことです。事前に準備した原稿を読んだり、丸暗記した言葉よりも、下手でもかまわないから心の底から出てきた言葉にこそ、思いが宿り説得力が増すのです。

好きな人に告白するのに、「緊張するから、紙に書いた文章を読むね」と言ったら、きっと相手は引いてしまいますよね。緊張していてもいいから、紙ではなくちゃんと自分の目を見て、自分の言葉で話してほしいと思うはず。プレゼンも同じです。聴衆は、あなたの内側から湧き出てくる言葉に惹《ひ》きつけられるのです。

「もし原稿を持ち込まずに、話すべきことを忘れてしまったらどうしよう。それよりは原稿を読むほうがまだマシじゃないか」と思う人もいるでしょう。そうならないために、スライドがあるのです。

プレゼンする際には、基本的に自分が作ったパワーポイントのスライドが投影されます。スライドは「相手に見せる資料」でもあり、「自分が見る資料」でもあると考えてください。そのためスライドには、**自分が伝えたいメッセージをしっかり書いておき、ひと目見れば自分が何を話せばいいかをすぐ連想できるように作るのがコツです。**そうすれば手元の原稿を隠しながら読まずとも、目の前のスライドが大きなカンペとなり、そのページで話すべきことを確認しながら話すことができるのです。

もし伝えたいことのひとつが抜け落ちてしまったとしても、聞いている側にはわかりませんから、焦らず、堂々と話を続けてください。

ポイントは、できる限り「わかりやすい言葉で」、「自信を持って」話すこと。アメリカの広告業界で伝説的コピーライターとして活躍し続けたジョン・ケープルズも、**人々の心を動かすためには、「小学5年生にもわかるような表現」を使う必要があると言っています。**(11) わかりやすいシンプルな言葉であるほど、より多くの人の心に響くのです。

話すときの声は大きく、ゆっくり、ハッキリと。語尾は弱めず、強めていくことで、自信に満ちた印象になります。当たり前のようですが、日頃から意識していないと、本番ではなかなか実行できません。併せて「……だと思います」といった表現は使わず、必ず「……です」と言い切りましょう。プレゼンをしている本人が言い切らない

注(11) ジョン・ケープルズ（1900～1990）。アメリカの広告業界で58年間も活躍し続けた伝説的コピーライター。John Caples（原著），神田 文人（翻訳），テストされた広告法　実業之日本社　Jan 1 ,1954

ようなことを、納得して受け入れてもらえることはありません。その際できるだけ多くの人と目線を合わせるように意識すると、より効果的に自信が伝わります。

ワンスライド・ワンメッセージ、スライドは冒頭で差をつける

では実際にプレゼンで使う資料として、一枚のスライドに載せる情報量はどのくらいが適切なのでしょうか？

結論からいくと、**「ワンスライド・ワンメッセージ」が基本です。**僕は、プレゼン資料を作る際、そのスライドで自分が一番伝えたい重要なメッセージを、スライドの一番上に書き、その下に細かい説明や図解などを配置しておきます。そうすれば、万が一、時間が少なくなってすべてを説明できなくなってしまったとしても、各スライドの上部にあるメッセージだけを伝えておけば相手は理解できます。

逆に、一枚のスライドにいくつものメッセージを詰め込んでしまうと、伝わりにくくなります。人間の脳は、たくさんのメッセージを同時に受けとると、疲弊して結局は記憶に残らなくなるのです。

プレゼンテーションの型

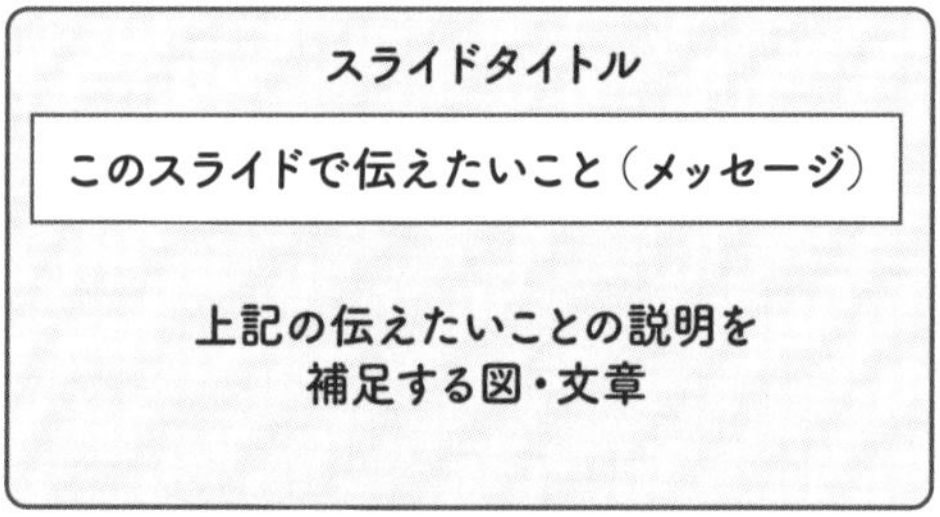

- 聞き手のメリットを考える
- 内容を盛り込みすぎない
- もっとも重要なメッセージを一番上に書く
- 一文は短く、伝えたいポイントは箇条書きに

重要なところだけをカラーリング

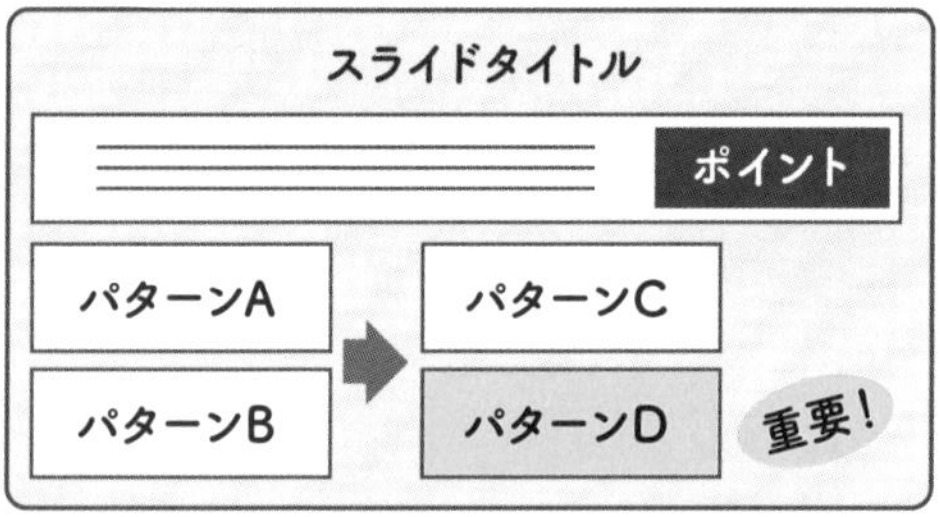

- 基本は2色。一番見てもらいたいところのみ

ワンメッセージで覚えやすく

文字は見やすい大きさ・書体に

色は使いすぎない

同様に、長文になると相手は理解しにくくなり、**ポイントがいくつあるかを先に知っておかないと最後まで集中力が持ちません。**ですから一文はできるだけ短く、伝えたいポイントは箇条書きにして、**ポイントがいくつあるかを先に明確にしておくことが重要です。**

スライドをカラフルにする方も多いですが、できるだけ色は重要なところだけにつけ、2色くらいで収まるように心がけましょう。そのほうが、相手の意識をその色のついている場所に注目させることができます。もし色で何かを区別させるなら、明度の違うグレーを利用すれば、グレー＝一色と認識させつつ、色で違いも表せます。

○プレゼンをする際のポイント10箇条まとめ

最後に、僕がプレゼンする際に意識するポイントを箇条書きでまとめておきます。

プレゼンをする際のポイント10箇条

・誰に対してのプレゼンなのか、相手は何を求めているのかを明確にする

- 原稿を読むのではなく、スライドを見ながら、自分の言葉で話をする
- 小学5年生にもわかるようなわかりやすい表現を使う
- 声は大きく、ゆっくり、ハッキリと話し、語尾は弱めず、強めていく
- 語尾は「だと思う」と言わず、「です」と言い切る
- できるだけ多くの人と目線を合わせるように意識する
- ワンスライド・ワンメッセージを意識する
- スライドに使う色は原則2色に抑える
- 一文はできるだけ短くする
- 伝えたいポイントは箇条書きにし、いくつあるかを明確にする

伝えたいポイントを抽出して相手に伝えるためには、考えを整理する必要があります。大勢の人の視線を受け、自らの声で考えや想いを発信する――この一連の行為が、あなたの存在感を大きくしてくれます。場数を踏むほど自分らしい表現が見つかり、聴衆を惹きつけるプレゼンができるようになりますので、ぜひチャレンジしてみてください。

06

議事録やスライドは マネてオリジナルにスキルアップ

マネを繰り返して自分の型になる

議事録やスライドのスキルを上達させるポイントは、デキる人の「マネ」をすることだと考えています。自分が成長する前に、いきなりはじめから自分独自の考えで結果を出そうとしても、上手くいきません。

僕が社会人になって初めて作ったパワーポイントのスライドは、今でも覚えていますが、本当にひどいものでした。「この機械はエコマーク認定されています」という内容を伝えるためのスライドだったのですが、僕が作ったのは、白紙の真ん中に巨大サイズのエコマークを置いて、そのまわりの余白を埋めるために、小さいエコマークを飾って終わり……というスライドだったのです。

当然のごとく上司からダメ出しされたわけですが、「こんなの使い物にならないだろ、やり直し」と言われても、当時はどこをどう直すべきなのか、その勘どころがつかめていませんでした。ですからこのときは、社内で自分が「これはいい」、「こういう資料を作りたい」と思ったものを参考にし、マネることで、その特徴やコツを盗むことにしたのです。そうやって、「マネ」を何十回、何百回と繰り返すことで、**やがてその型は自分の型になってきます。**

実際、世の中を見回してみると、新しく思える発明や発見でも、まったくのゼロから生み出されているものは少なく、既存の製品からヒントを得たり、あるいは組み合わせたりして、生み出されています。新しいものが、すべてゼロから生まれるわけではないのです。

議事録作成はポイントを押さえて「型」をつくる

スライドと同様に、マネることで上手くなっていくのが、議事録の作成です。「議事録に大切なのは正確さで、特にスキルなんて必要ないのでは?」と思われるかもしれませんが、実際のところ、**議事録こそ、書いている人の実力が透けて見える非常に**

怖いものなのです。

僕が社会人になって初めて議事録を書いた際は、182ページの図のように「Aさんはこう言った、Bさんはこう言った、それに対してAさんはこう返答した……」と全員の会話をすべて書き残してしまっていました。

これでは何が決まって、次にどうすればいいのかのアクションがわかりにくい議事録になってしまいます。議事録にもしっかりとした「型」があり、それをマネることで仕事をより進めやすくなるのです。議事録作成のポイントは次の通り。

議事録作成のポイント

1.「日時」「会議名」「参加者」「会議の目的」「決定事項」を記載する
2.次のアクション（誰が、何を、いつまでに）を個人名まで明確にする
3.長い議事録はNG。短くてわかりやすいのが良い議事録
4.会議後、数時間で議事録を配信する

悪い議事録例

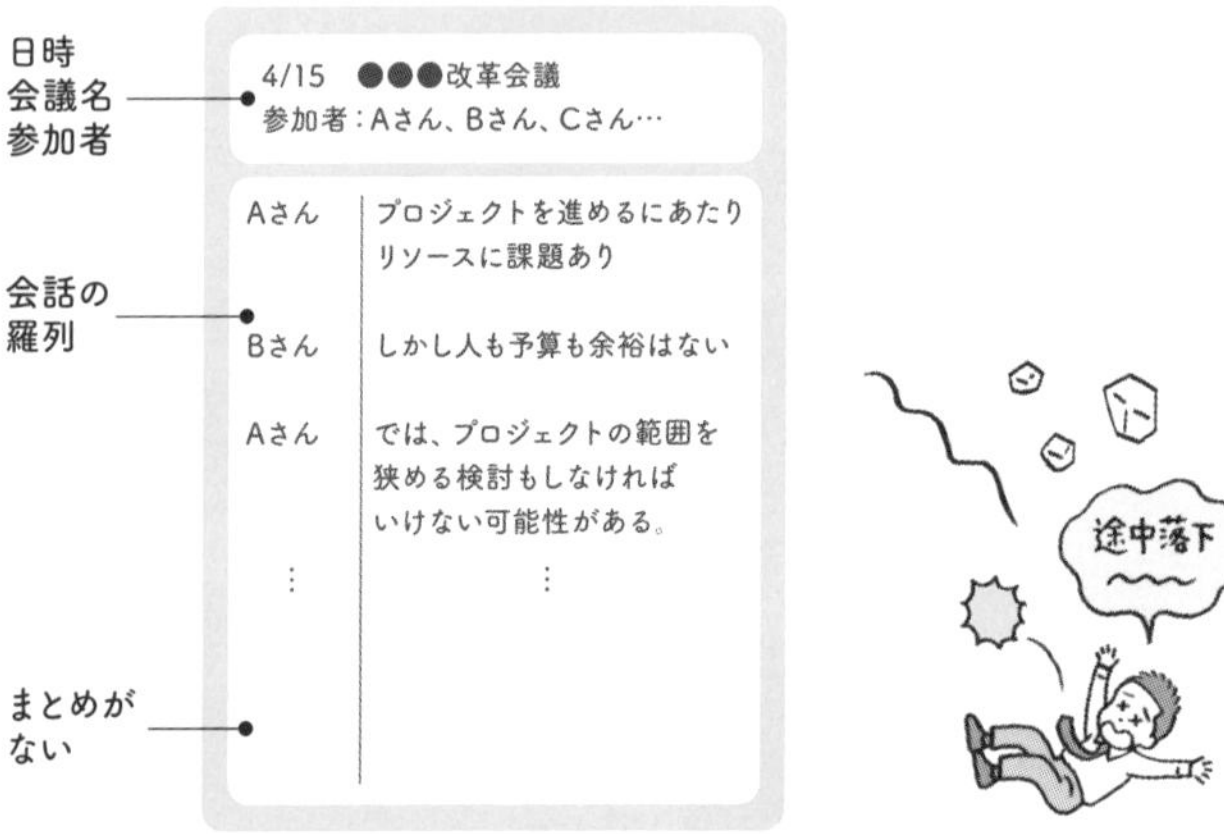
日時
会議名
参加者
4/15 ●●●改革会議
参加者：Aさん、Bさん、Cさん…
Aさん
プロジェクトを進めるにあたり
リソースに課題あり
会話の
羅列
Bさん
しかし人も予算も余裕はない
Aさん
では、プロジェクトの範囲を
狭める検討もしなければ
いけない可能性がある。
まとめが
ない
途中落下

良い議事録というのは、183ページの図のようなイメージです。

長い時間をかけて、超大作の議事録を作る人もいますが、**まずは「議事録は長いほうがいい」という意識を捨ててください。**議事録の目的は「決まったことは何で、それを誰がいつまでにしなければいけないのか」を明確にし、会議の参加者が漏れなくアクションをとれるようにすることです。ですから、**必要なことがわかりやすく書かれていれば、むしろ短ければ短いほど良い議事録だと言えます。**もちろん会議後に何日もかけて書くのではなく、**内容を簡潔にまとめて早く出すのがベストです。**

ちなみに「誰かがやってくれるだろ

良い議事録例

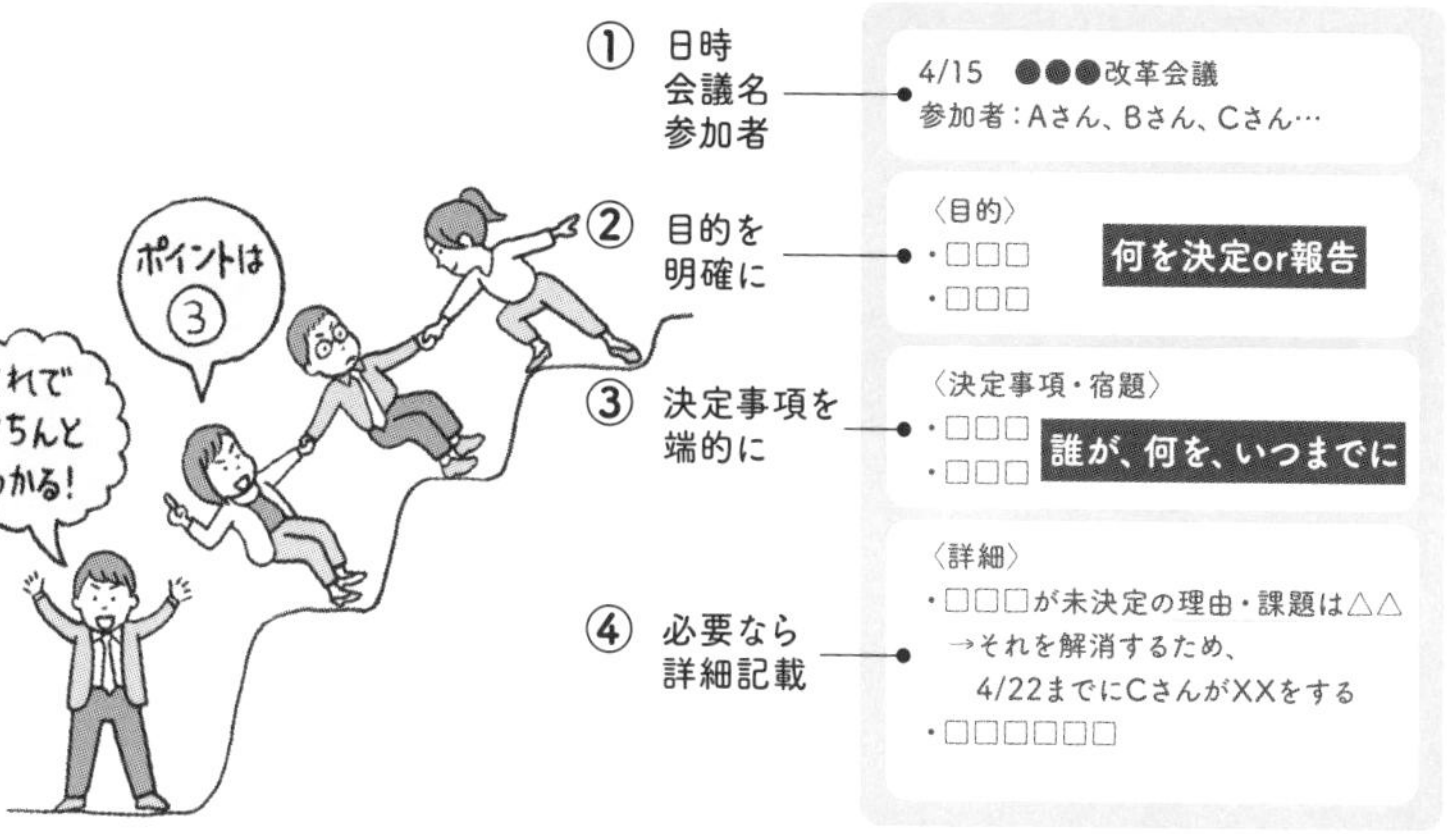
ポイントは③
これできちんとわかる!
① 日時 会議名 参加者
4/15 ●●●改革会議
参加者：Aさん、Bさん、Cさん…
② 目的を明確に
〈目的〉
・□□□
・□□□
何を決定or報告
③ 決定事項を端的に
〈決定事項・宿題〉
・□□□
・□□□
誰が、何を、いつまでに
④ 必要なら詳細記載
〈詳細〉
・□□□が未決定の理由・課題は△△
→それを解消するため、
4/22までにCさんがXXをする
・□□□□□□

う」という思い込みでアクションが漏れるのを防ぐため、「誰が」というのは部署ではなく個人名まで落とし込んでおく必要があります。

このように議事録も、良い議事録のテンプレートをマネることにより、アウトプットの質を格段に上げることができます。

議事録の使い方のひとひねり

議事録は書いて終わりではありません。次のように、使い方にもテンプレートがあります。

議事録の有効な使い方

1. 次の会議までに宿題事項がキチンと達成されるよう、確認し、リマインドする

2. 会議の冒頭に、5分間、前回の会議の議事録を全員で読み直す

会議やプロジェクトというのは、誰かが強力に引っ張っていかないとなかなか進んでいかないもの。周囲に「次にやるべきことが何か」を伝えて、議事録に書いたタスクをしっかりフォローしていくことで、プロジェクトを推進していくのです。

こうした責任をしっかり果たしていくと、やがては会議そのものを任されてファシリテートすることにもつながり、人を動かす影響力を身につけることができます。

また、**会議の冒頭5分間で、前回の議事録を参加者全員で一読し、前回の会議のポイントや決定事項を再確認してからスタートする**ことをおすすめします。このプロセスを踏むだけで、話が前回の内容まで戻ってしまったり、決定事項と違う内容を主張する人が現れたりすることを防げ、会議を円滑に進めることができます。

このように、いい議事録の書き方・使い方をマネることで、自身の会議力の向上につながり、将来的には、自分が持っていきたい結論に会議やプロジェクトを導くことができるようになります。たかが議事録と侮ってはいけません。議事録は、書き方や使い方ひとつで、あなたの人生が変わってくる重要なツールであることを忘れないでください。

07

完璧主義という名の病

完璧主義は自分もまわりも苦しめる病気と考える

「完璧」はいいイメージを持つ言葉ですが、「完璧主義」はそうではありません。逆に、これほどまでに自分や周囲を苦しめる資質は、他にないのではないでしょうか。「完璧主義」は、まじめで責任感の強い人に多いのですが、そのせいで自分の首も他人の首も絞めてしまうことが多々あります。その理由は大きく次の通りです。

完璧主義の人が自分の首を絞める理由

1. 仕事の依頼主ではなく、自分視点の完璧を目指してしまう
2. 完璧さを求めると時間がかかりすぎる
3. 仕事を人に任せることができない

ほとんどの仕事は依頼に基づいて、誰かに渡さないといけないものなので、自分だけが完璧さを追求して完成させた資料であったとしても、依頼主がどう受け取るかなんてわかりません。ですから**50%くらいの出来で一回相手に見てもらい、大まかな方向性の確認をしてもらったほうが後々の手直しが少なくなります。**

しかし、完璧主義の人はなかなかそれができません。95%の完成度の資料を98%の完成度にするために、ものすごく時間をかけるような非効率な仕事をしてしまいます。実際はどれだけ時間をかけても、100%完璧なものなどできるわけはないのですから、結果に見合わないためリスクになってしまいます。

また、完璧主義の人は往々にして人に仕事を任せられずに仕事を抱え込んでしまい、最終的に自分のキャパシティを超えてしまいます。仮に人に任せたとしても、結局お願いした仕事を隅から隅までもう一度自分で細かくチェックしないと気が済まないことに。結局せっかく仕事をひとつ手放したのに、また自分で仕事を増やしてしまうのです。

上司が完璧主義だった場合はもっと悲惨です。上司が部下に完璧を求めてしまうので、影響範囲がかなり広くなってしまいます、任された仕事のチェックも相当細かく、やる必要がないことまであれもこれもと準備させられます。結局ほとんどが無駄な心配に終わることが多く、チーム全体が上司の完璧主義に振り回されることになるでしょう。これでは部下がつぶれてしまいます。

このように、**完璧主義は自分で苦しむだけでなく、まわりにも迷惑をかける「病気」です。**もし自分が完璧主義だと自覚しているなら、**できるだけ人生の早い段階で、意識的に手放す努力をしてほしいのです。**

完璧主義から抜け出す4つのポイント

僕も若い頃は完璧主義なところがありました。しかし経験上、完璧主義は次の４つのポイントを意識することで抜け出すことが可能です。

完璧主義という病気を治すために必要な4つのポイント

1．自分が完璧主義だと認識すること
2．完璧主義がよくないことだと認識すること
3．自分の完璧主義の症状が何かを理解すること
4．完璧主義の症状が出たら、「ゆるく考える心」を意識して持つこと

まず、完璧主義から抜け出すために大事なことは、**自分が完璧主義だと認識すること、そして完璧主義はよくないことだと認識することです。**自分で「これではだめだ、抜け出したい」と思わないことには、抜け出すことなどできません。

そして、自分が完璧主義を発症してしまうのはどのような状況下なのか、またその際はどのような思考に陥ってしまうのか、ということを知ることが大切です。だいたい完璧主義の傾向が出てくるのは似たような環境下が多いので、そのパターンに直面したときに「ああ、これは完璧主義が出ちゃうかもしれないな」と心の準備ができるようになると、余裕を持って対応できるようになります。

また、ゆるく考えるというのは、「80％で仕事を依頼主に返してもいいじゃん」、「会議で万一何かわからないことを聞かれても、あとで返事すればいいじゃん」といったように、軽く考えること。完璧主義の人は無意識に100％でリターンをしなければとキツイ考え方をしてしまいますから、「自分にその症状が出てきたな」と気づいた段階で、**意識的にこうしたゆるい考え方・ほどほど主義にすることで回避していくのです。**これを繰り返していくうちに、いつのまにか完璧主義を上手くコントロールできるようになるはずです。そして、一度手放し方を覚えてしまえば、この先、完璧主義に苦しめられることはなくなります。

「僕も完璧主義なところがあった」と先述しましたが、実は家で家計簿をつけているときに最も完璧主義が出てしまっていました。家計簿をつけていて数百円ズレたときなど、1時間くらい平気で「どうしてズレたんだろう、何を記入漏れしたんだろう」と考えてしまっていたのです。

でも今は違います。自分が家計簿をつけていて数百円ズレてしまったとしても、

「ふふふ、完璧主義だった昔の僕なら、きっと1時間くらい考え続けてたんだろうな」と心の中でほくそ笑みながら、「微調整」としてさっさと家計簿の帳尻を合わせるようになったのです。

これが、自分が完璧主義になりそうな環境を知った上で、余裕を持って対応するということです。

完璧主義の良くないところは、小さなことに集中しすぎている間に視野が狭くなり、全体像を見逃してしまうことにあります。とはいえ、いきなり完璧主義をなくせと言われても難しいでしょうから、視野が狭くならないように、うまく完璧主義とつき合っていきながら、その発症回数を減らすように意識をしてみてください。

CHAPTER 5

すぐパソコンに向かうな！「A3に手書き」せよ

第4章で、A4ノートを見開きにして
A3サイズに広げてから
手書きで思考を書き出そうと述べましたが、
一口にノートに書くといっても難しいもの。
A3に広げたノートに、何をどのように書くのか？　そのコツは？
この章では、そうした質問に答えるべく、
A3ノートの書き方について具体的なヒントをご紹介します。
あなたしかできないことを成し遂げるために、
大いに力になってくれるはずです。

○今すぐ使える5つのフレーム

それでは実際に僕が思考を深掘りしていく際に、どのようにノートに書いていくか、具体的に触れていきます。

実際に、次の5つのフレームをベースに考えていきます。

1. 羅列型――――アイデア出し、すべての土台になるネタ出しのとき
2. 放射型――――深掘りしたいとき、意思決定や戦略を考えたいとき
3. マトリックス型――業務を分類ごとに整理したいとき
4. プロセス型――――ワークフローの大まかな流れを把握するとき
5. フロー型――――ワークフローを漏れなく、確実に可視化したいとき

では、順番にご紹介していきましょう。

01

羅列型

とにかく思いついたものから書き出す

最初に用意するのはA3サイズの用紙。僕のおすすめは、**A4ノートを見開きで、つまりA3サイズで使う方法です。ノートの広さは、思考の広さでもあります。**まず、手書きで書くための基本的なフレームは、羅列型です。きれいにそろっている必要はまったくありません。**とにかく思いつくまま、気の向くままに書いていきます。**

これをフレームと言うのか？　と疑問に思う人もいるかもしれません。しかし、この「頭の中にある情報を、一旦紙の上に羅列する」という行為は、A3ノートを利用するにあたり、非常に重要なプロセスのひとつです。

多くの人がA3ノートにフレームを書くというと、ものすごく整った美しいフレームを描くことを想像しますが、そんなきれいなフレームをいきなり白紙に書けるくらい思考が整理されていることはめったにありません。まずは、とにかく順番や物事の大小は関係なく、Ａ３の紙の上に自分の頭の中にあることを出していくことから始めます。その後に、さらに別のページを開いて、見開きでノートにまとめていってください。このように、思考をきれいにまとめるためには、**紙やページは何枚でも使っていいのです。**ここでは、羅列型というフレームをきちんと理解してもらうための説明をしていきます。自分の考えを羅列型で出し切ったあとに、それを見ながら別のフレームに整理していきましょう。

羅列型でアイデアを出していくときのコツは、「テーマを必ず書くこと」です。ここで言うテーマとは、「自分がこれから何について考えようとしているのか」ということ。人は「何でもいいから書いてみて」と言われると、逆に思考が止まって、アイデアが出なくなったりしがちですが、「あなたが行ってみたい場所を１００個書いてみて」と言われると、今まで考えたことのある風景や名所が頭のなかに具体的に浮かんできて、「あそこも行ってみたい」「ここも行ってみたい」というように書き出せるようになります。

このように最初にテーマを決めた上で、**頭のなかにふんわりとあるものを、まず一**

〈図①〉

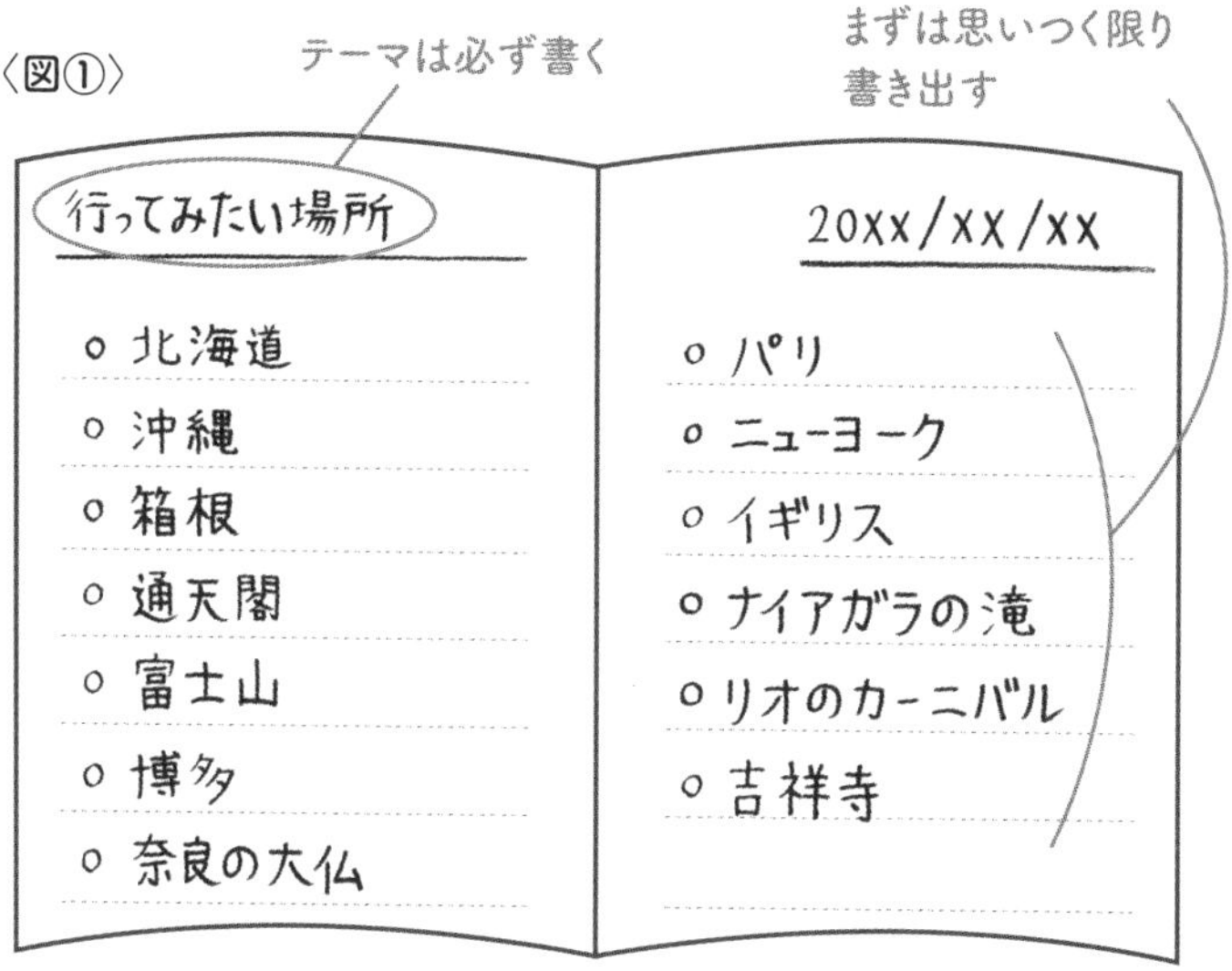

度手を動かしながら書いて具現化します。このやり方は、アイデアを出すために非常に有効な手法です。羅列型のポイントはアイデアを出すときは、グルーピングなどは特に気にする必要はないということ。とにかく「もう出ない！」というところまで書き出してみてください。

アイデアのグルーピングはあとから考える

最初から整理をしながら書こうとしないで大丈夫です。まずは書き出すことに集中します。たとえば「行ってみたい場所」というテーマで、図①のように書き出していきます。

197ページの図①をよく見てみると、粒の大きさがバラバラなのがわかります。
そこで、書き出した図①を分類してみると次のようになります。

イギリス……………………国名
北海道、沖縄……………都道府県名
箱根…………………………地名
ニューヨーク、パリ、博多……都市名
吉祥寺………………………駅名
通天閣、奈良の大仏………建造物
富士山、ナイアガラの滝……自然
リオのカーニバル…………ブラジルのお祭りの名称

国名や地名もあれば、建造物や自然もあり、リオのカーニバルにいたっては場所ですらないですね。改めてこのように見ると、「粒の大きさがそろってないな、気持ち悪いな」と感じるかもしれません。しかし、人の思考なんてそんなもの。「イギリスに行ってみたいな」も「ナイアガラの滝を見に行きたいな」も「リオのカーニバルを生で見てみたい」も、「行ってみたい場所はどこ？」という質問に対して、我々が普通に頭の中に思い浮かべる内容なのです。

ですから、羅列型にアイデアを書き出す段階では、**アイデアの粒の大きさを気にせず、どんどんアイデアを出すことだけに専念してください。**

逆に「まず国から考えよう」、「次に都市……」というようにグルーピングを整理してからきれいに書き出そうとすると、手が止まってアイデアが出なくなってしまうことが多いので、とにかく書き出すことだけに集中することが大事です。

羅列型ノートのPOINT

- ✓ **紙やページの枚数はケチってはいけない**
- ✓ **必ずテーマを書くこと**
- ✓ **もう出ないというところまで絞り尽くす**
- ✓ **グルーピングや整理は後から**

02

放射型

ひとつのテーマから、思考を整理しつつ広げる

2つ目のフレームは放射型です。このフレームは、テーマを中心に書いて、そのテーマをさらに放射状に細かく分解していくイメージで使います。

放射型は、先ほどの羅列型と非常に相性がいいフレームです。たとえば次のように、先ほどの羅列型で「行ってみたい場所」のアイデアを出したあとに、放射型のフレームを使って整理してみましょう。

1. 中心にテーマを書き、まわりにアイデアを連想する言葉を書く

まず中心にテーマを書いてください。今回の例だと、「行ってみたい場所」ですね。

次に、テーマのまわりに、分類を書いていきます。ここでは「国、都道府県、都市、地名、駅、自然、祭り」などです。**これは思いつきながら書くというよりも、先**

に書いた羅列型のアイデアを見ながら、どういう分類になるのかを事前に考えておくイメージです。２０２ページの図ではわかりやすくするために4分類しかありませんが、考えたことはすべて記載してください。今回は「行ってみたい場所」ですが、他のテーマでも**「間違っているかも」と思わずにどんどん書いてみてください。**

2．分類の下に、羅列型で書いた内容をさらにひもづけていく

続いて、先ほど羅列型で書いた内容を、該当の分類の下にひもづけていってください。「国」の次には「イギリス」、「都市」には「ニューヨーク、パリ、博多」、「自然」には「富士山、ナイアガラの滝」といった感じです。こちらも同様に、**考えた内容はすべて記載しておいてください。もし、どこに入れたらいいのかわからない事項が出てきたら、新しい項目を作ってもいいし、ひとまず関連しそうなところに入れておきましょう。**

このように、放射型のフレームを使って分類をしながら羅列型のアイデアを並べ直してみると、かなり見やすくなります。

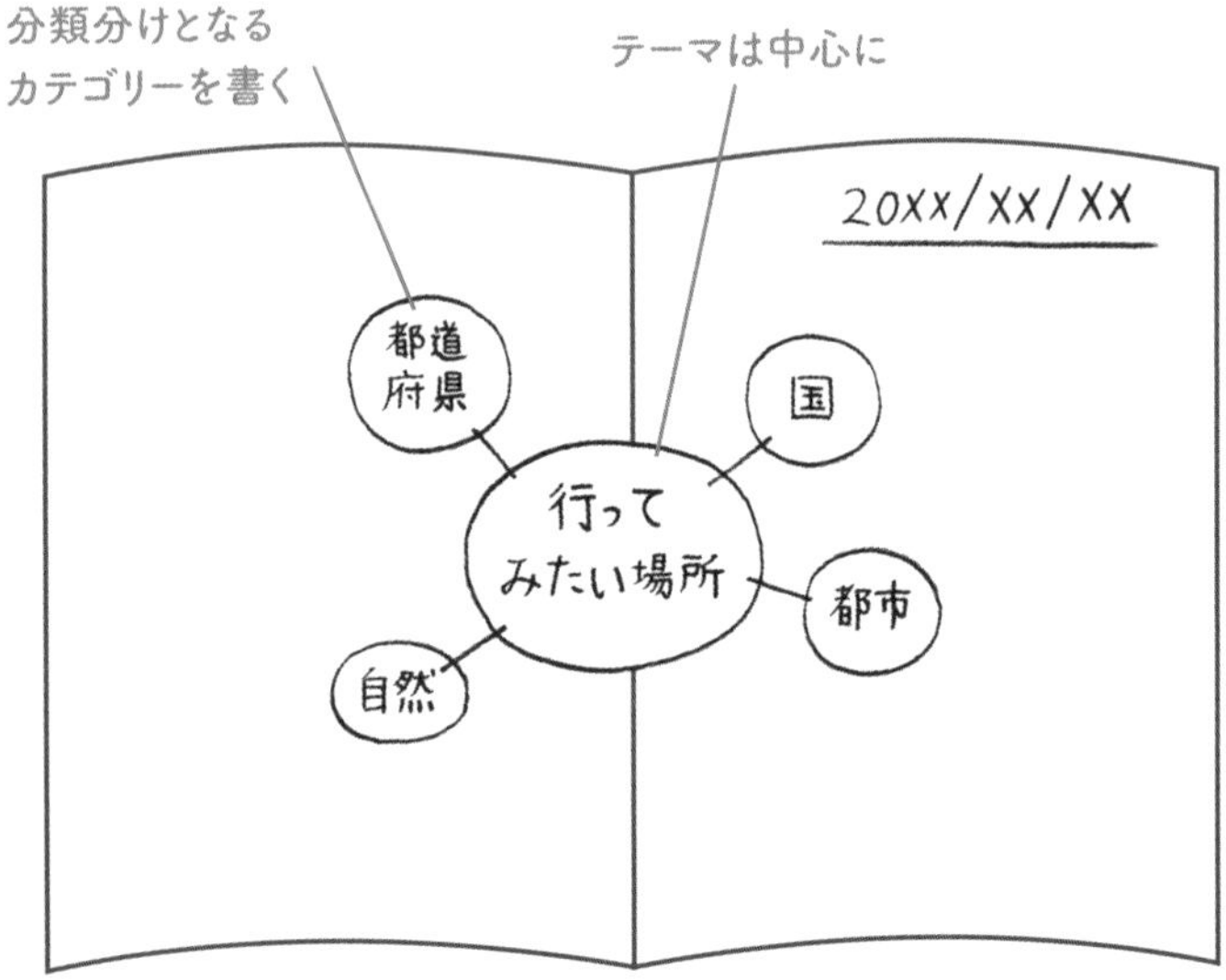
分類分けとなる
カテゴリーを書く
テーマは中心に
20XX/XX/XX
都道府県
国
行ってみたい場所
都市
自然

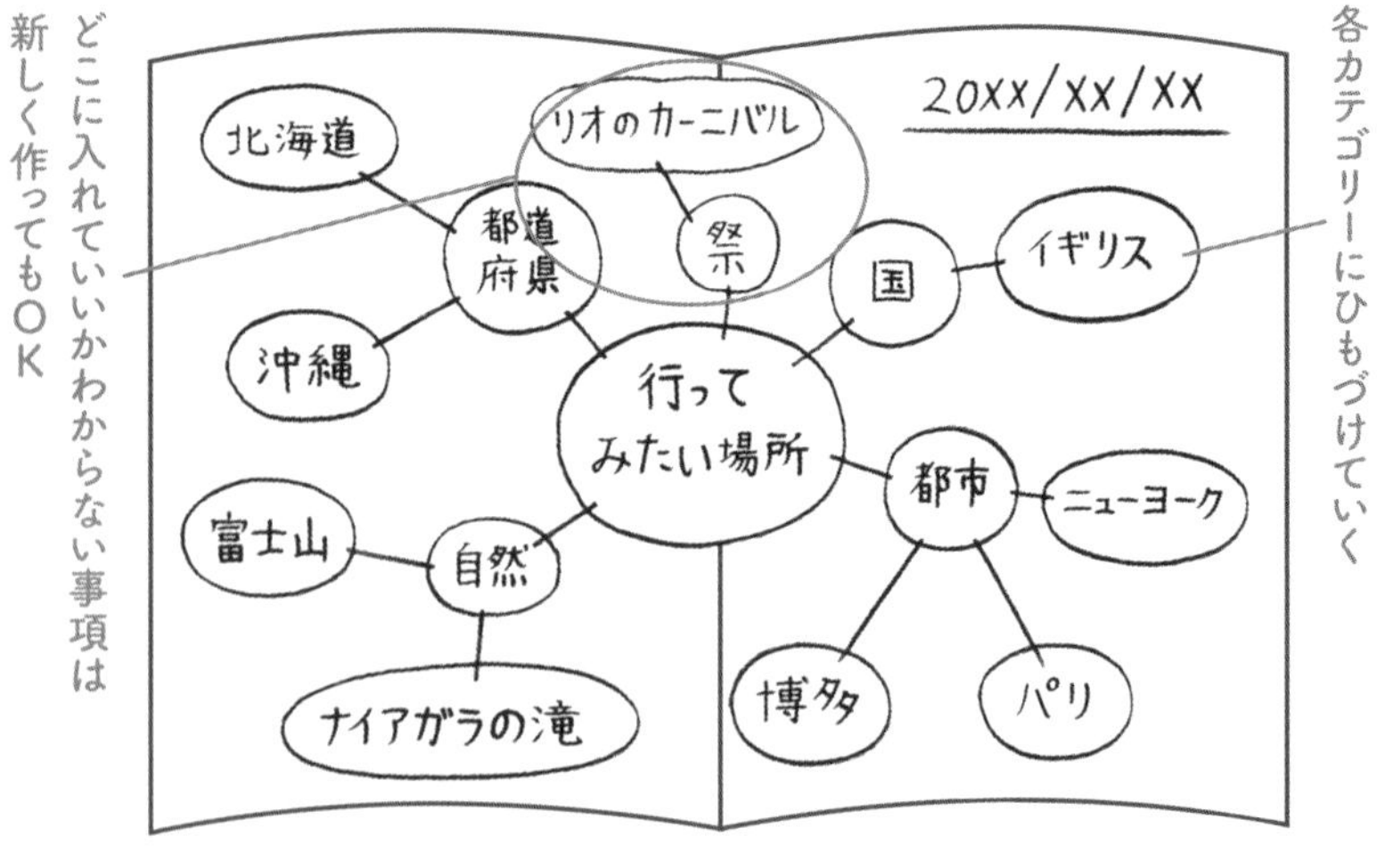
どこに入れていいかわからない事項は
新しく作ってもOK
各カテゴリーにひもづけていく
20XX/XX/XX
リオのカーニバル
北海道
都道府県
祭
国
イギリス
沖縄
行ってみたい場所
都市
ニューヨーク
富士山
自然
ナイアガラの滝
博多
パリ

「もう何も出てこない」をさらに一歩超えて思考を底上げ

一旦、自分の考えを放射型のフレームに出し終えたら、次に、重要なステップに入ります。それは、**「この放射型のフレームをベースに、さらに思考を広げてアイデアを出していく」**ステップです。

羅列型で出てきたアイデアを放射型に分類してみると、たくさん入っている分類と、スカスカの分類があるのが視覚的にわかってきます。先ほどの図ですと、「国」の下にはイギリスしか入っていませんね。では次に、このように考えてみましょう。

---

1. イギリス以外だと、どこの国に行きたいんだっけ?
2. イギリスの下に追加する項目(都市)はないだろうか?

これは、水平思考と垂直思考を用い、「行きたい国」という観点で考えていること

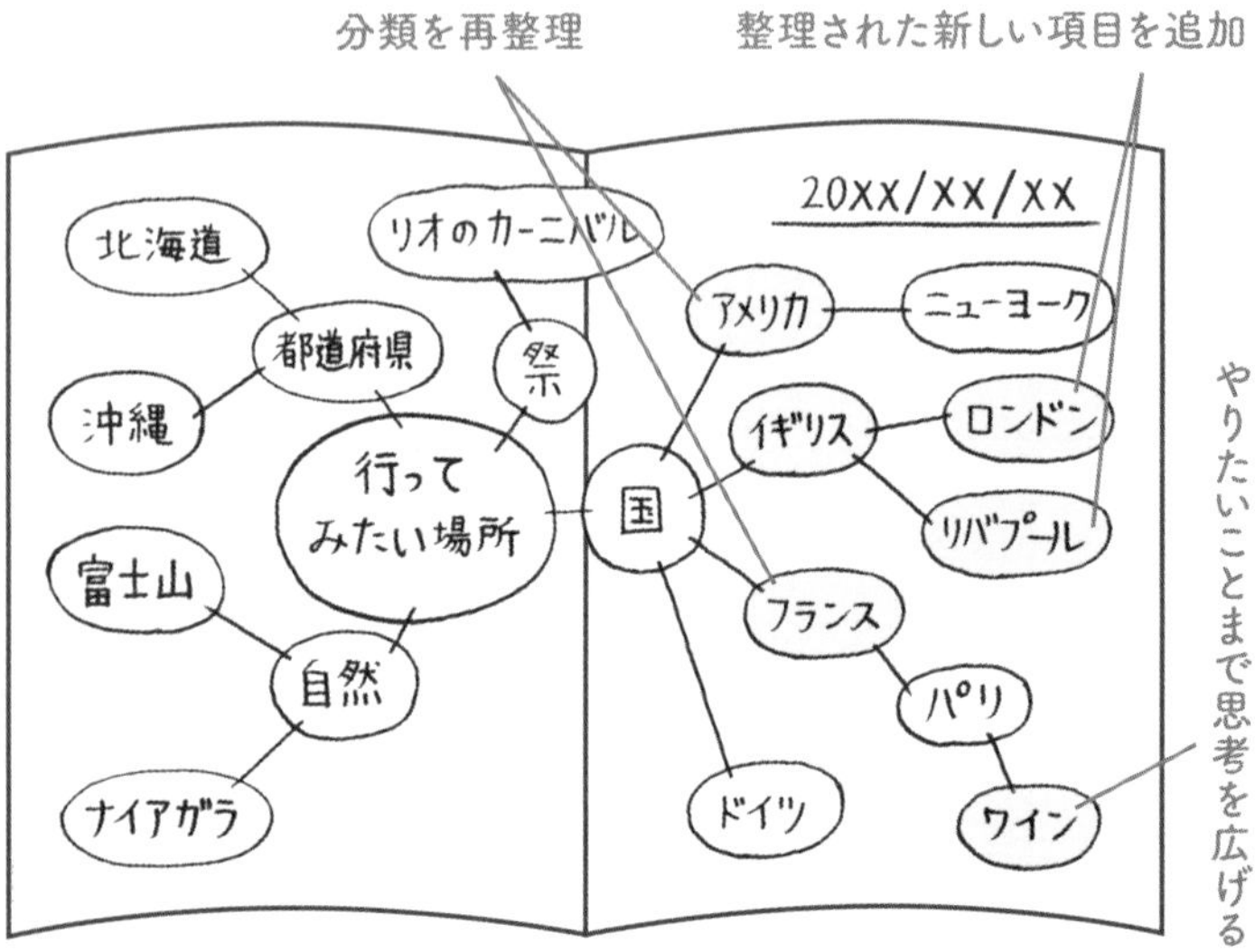

にもなります。「そういえばドイツも行ってみたかったな」と思うのであれば追加すればいいですし、イギリスの下にロンドンやレディング、リバプールといった都市名を追加して、ひとつ下の階層に思考を深掘りしていくこともできます。

また、こうしてひとつずつ分類を眺めてみると、都市の分類の下にニューヨークとパリがあることに気づきます。すると、「国の分類にアメリカとフランスを置いて、その下に都市を置いたほうがスッキリするかもしれないな」というように分類が徐々に整理されてきます。もちろん、それに伴って頭のなかも整理されてくるわけです。

そうすると、今度はアメリカやフランスで水平思考や垂直思考を働かせることができ、「アメリカならサンフランシスコやロサンゼルスも行きたいな」、「フランスならボルドーでワイン飲みたいな」といったように、どんどん思考が広がってきます。

不思議なもので、先ほどの羅列型で**「もうこれ以上出ない！」というところまでアイデアを出しきったつもりでも、放射型で改めて考えてみると、必ずアイデアがまだまだ出てくるもの**なのです。

また、**こうした羅列型と放射型の思考を1回で終わらせずに、相互に何度も行ったり来たりすることで、思考がだんだん広く、そして深くなっていきます。**

深掘りに役立つ5W1H

僕はこの羅列型、放射型のフレームを、プロジェクトでやるべき仕事の明確化や、自分が今までしてきた仕事の振り返りなどにもよく利用します。

放射型フレームを使って仕事のアイデア出しや深掘りをする際、分類に使いやすいのが、126ページでも触れた「5W1H」です。

プロジェクトについて深掘りして考えていくのであれば、まず中心にプロジェクト名を書き、その分類として次のようなことを考えていきます。

- ゴールは何か（What）
- なぜそのゴールを目指すのか（Why）
- どういった層がターゲットか（Who）
- いつまでに終わらせる予定か（When）
- どうやってそれを実行するか（How）

このように**5W1Hを第一段階の分類とし、その上でさらにその先のことまで細かく考えていくようにすれば、自分の思考やアイデアをより上手く深掘りできます。**

放射型ノートのPOINT

- ✓ 整理しながら書く
- ✓ 1回で終わらせず、何回も行き来しながら書くこと
- ✓ 水平&垂直思考でまとめて付け足す
- ✓ 5W1Hで考える
- ✓ 置き場がわからないときは、仮置きでいい

03

マトリックス型

○縦軸と横軸で思考を整理し状況を可視化する

次によく使うのが、マトリックス型のフレームです。このフレームは、次の図のように縦横に区切られた表の形をしていて、縦軸と横軸の分類を決めた状態で、それぞれが交差するところを埋めていくことで整理し可視化するフレームです。

このマトリックス型の表でもっとも重要なポイントは2つ。縦軸と横軸を決めること。また、分類のコツとしては、127ページで述べた『MECE（漏れなく、ダブりなく）』を意識することです。

ポイントとしては、その後に表を埋めていく手順において、**軸の分類が名詞の場合は、なかに埋めていく内容を動詞に、逆に軸の分類が動詞の場合は、なかに埋めていく内容を名詞にすると作成しやすくなります。**（例題では主軸を名詞に。書き込み内容は動詞で記載）

（1）アンケートのまとめ

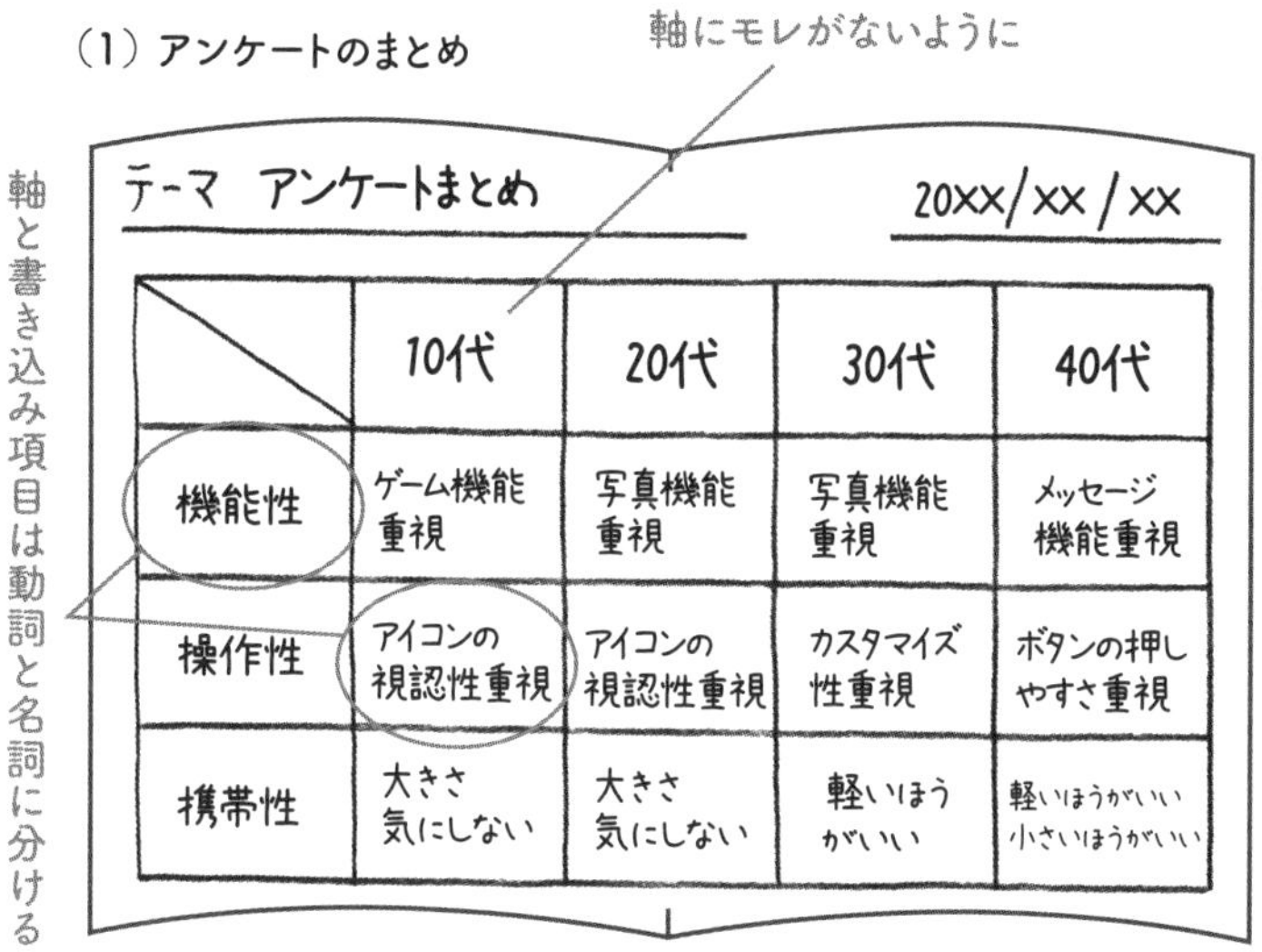

マトリックス型の主な使用例
（1）――アンケートのまとめ

マトリックス型フレームの具体的な使い方のひとつめは、アンケートのまとめです。

上の図は、新商品開発のための市場アンケートを年代別/機能別に分けてまとめた例です。

・縦軸には、機能性、操作性、携帯性の3分類
・横軸には、年代

をそれぞれ区切って並べ、各交差する枠のなかにどのような意見があったかを書き込んでいくようなイメージです。

こうしたアンケートは、まとめる前はかなりバラバラですから、マトリックス型の枠組みを先に作ってそこに当てはめていくとまとめやすくなります。

○マトリックス型の主な使用例（2）――業務プロセスの整理

もうひとつ、マトリックス型フレームの使用例として挙げられるのが、業務プロセスの整理です。

たとえば、営業関連の契約処理のプロセスを改善したいと考えているけれど、誰もきちんとしたプロセスを知らないという場合、まず誰がどのようなプロセスで動いているかを明らかにしなければなりません。その場合には、次のように軸を設定します。

業務プロセスで使う場合

- **縦軸には、プロセスに関わる全部門**
- **横軸には、時系列に分けて並べたプロセス**

（2）業務プロセスの整理

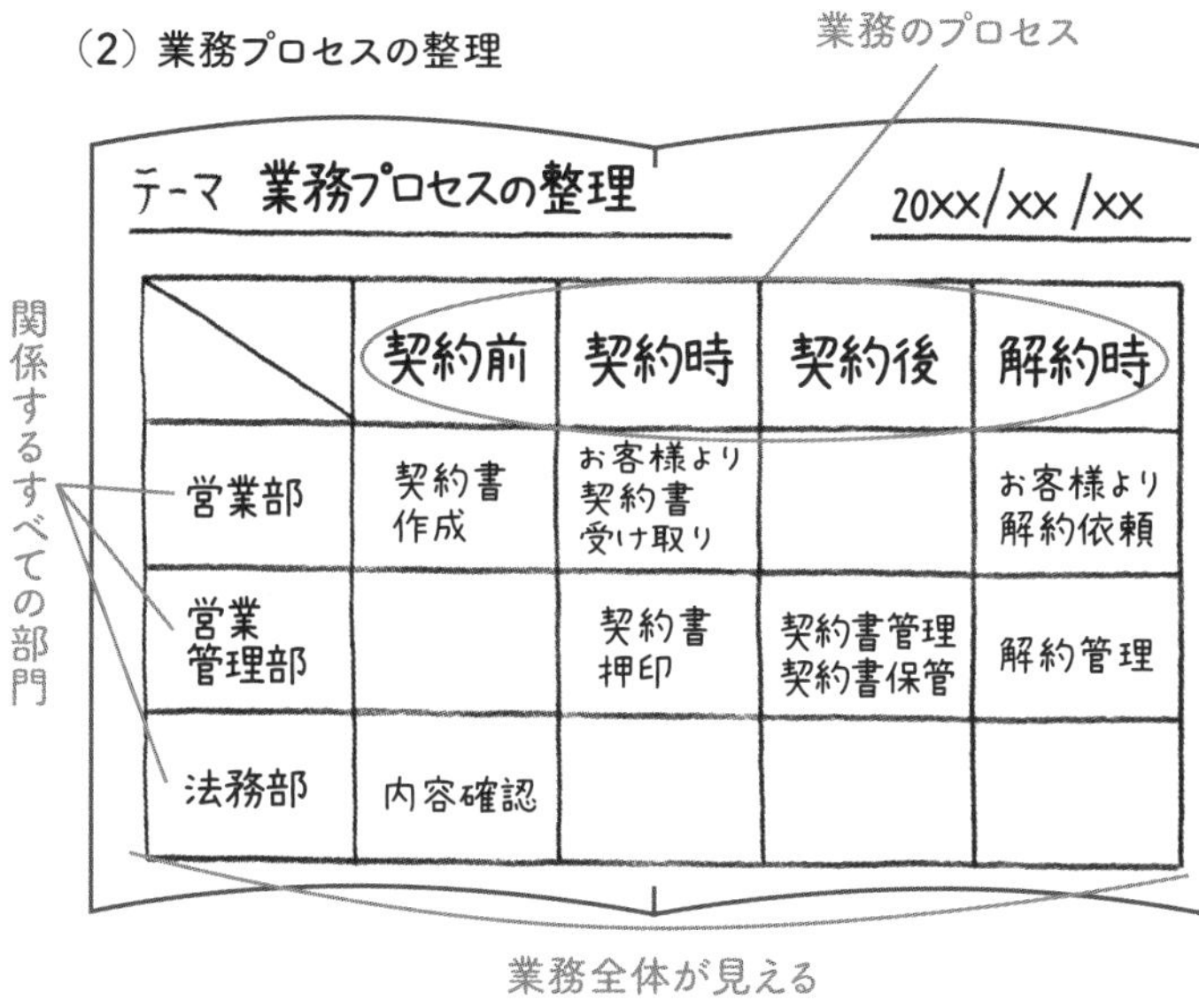

　この例だと、縦軸には「営業部、営業管理部、法務部」などの部門名が、横軸には「契約前、契約時、契約後、解約時」といったプロセスが入ります。

　このように各部門が、契約前、契約時、契約後、解約時にそれぞれ何をしているのかを交差する欄に埋めていけば、業務プロセスの全体像が見えてきます。仮に空欄を埋めようとしてわからない部分が生じても、ここまで全体を分類しておけば、この表をもとにヒアリングすると、業務全体がわかるようになります。

　マトリックス型はあらゆる業務に応用が効く、とても汎用性が高いフレームなのでぜひ活用してください。

マトリックス型ノートのPOINT

✓ 横軸と縦軸が命

✓ 全体を漏れなく、ダブりなく

✓ わからない部分は後から埋めてOK

04

プロセス型

全体の流れを可視化するフレーム

次のフレームはプロセス型です。**このフレームはワークフローの作成を行うときなどに、「どの順番で進めていくべきか」の大まかな全体の流れを把握する際に使用します。**

プロセスを大きく区切った後、その下に箇条書きで「そのプロセスでは誰が何をするのか」などを記載していくと、流れをよりイメージしやすくなります。

このプロセス型フレームは、次項のフロー型ほど厳密ではないので、全体像をざっと把握するために使うことが多いです。全体の大まかな流れをプレゼンしたり、細かいところまで説明する必要のない上層部への報告などに、使い勝手がいいフレームです。

○プロセスを区切る際に意識すること

プロセス型を上手く使うポイントは、「連続する一連のプロセスをどこで区切るか」をはっきりさせておくことです。プロセスを区切るポイントは、次のような分け方があります。

プロセスを分けるポイント

1. **担当している部門が変わるところで区切る**
2. **重要ポイントの前と後で分ける**
3. **行動が変わるタイミングで分ける**

たとえば営業の契約締結業務が「営業部から法務部に確認し、最終的に営業管理部にて契約書を管理・保管する」というプロセスであれば、担当部署が変わるところで区切ることができます。この仕事を契約の前後でプロセスを区切ると、「契約前、契

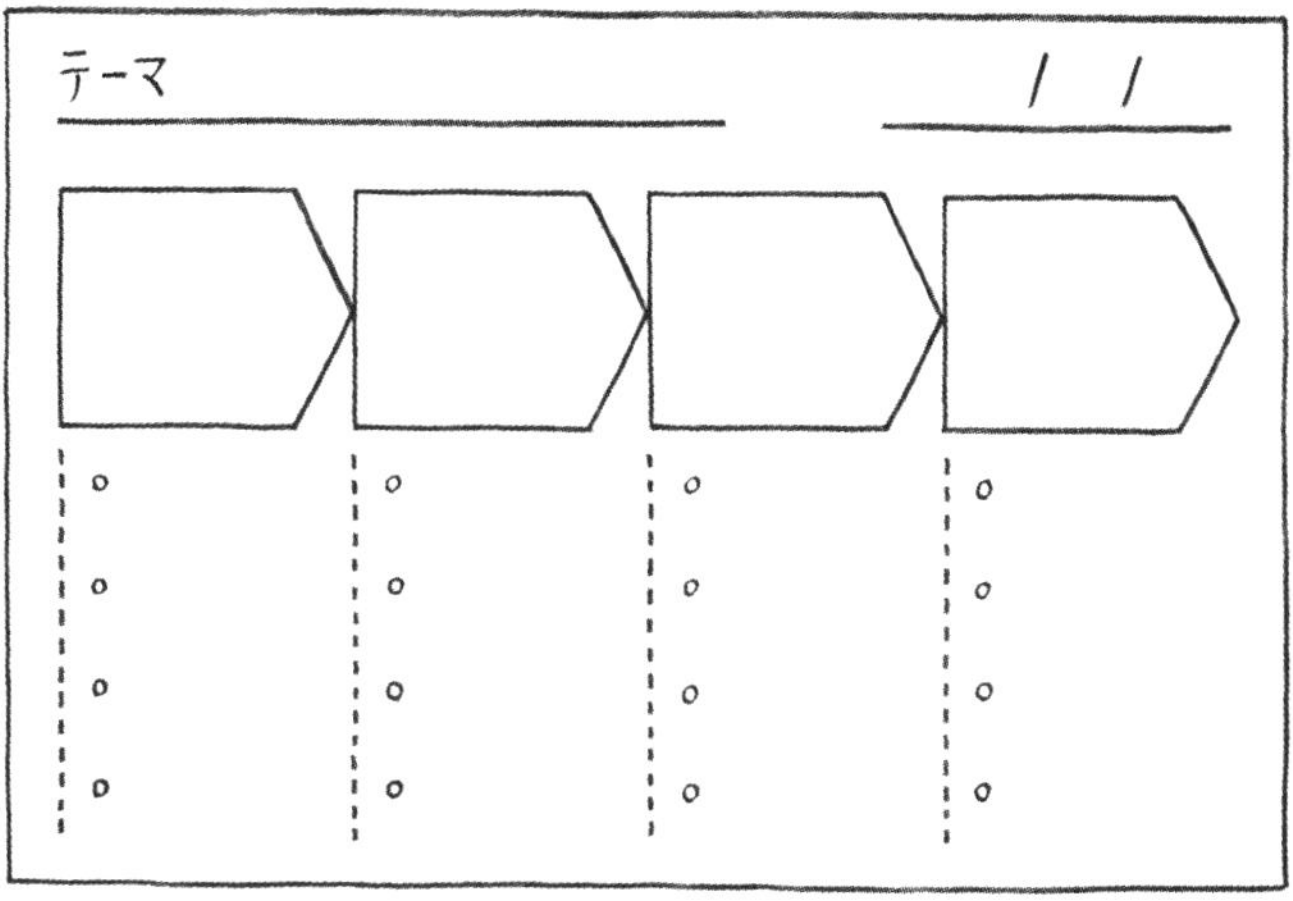
テーマ
/ /
o
o
o
o

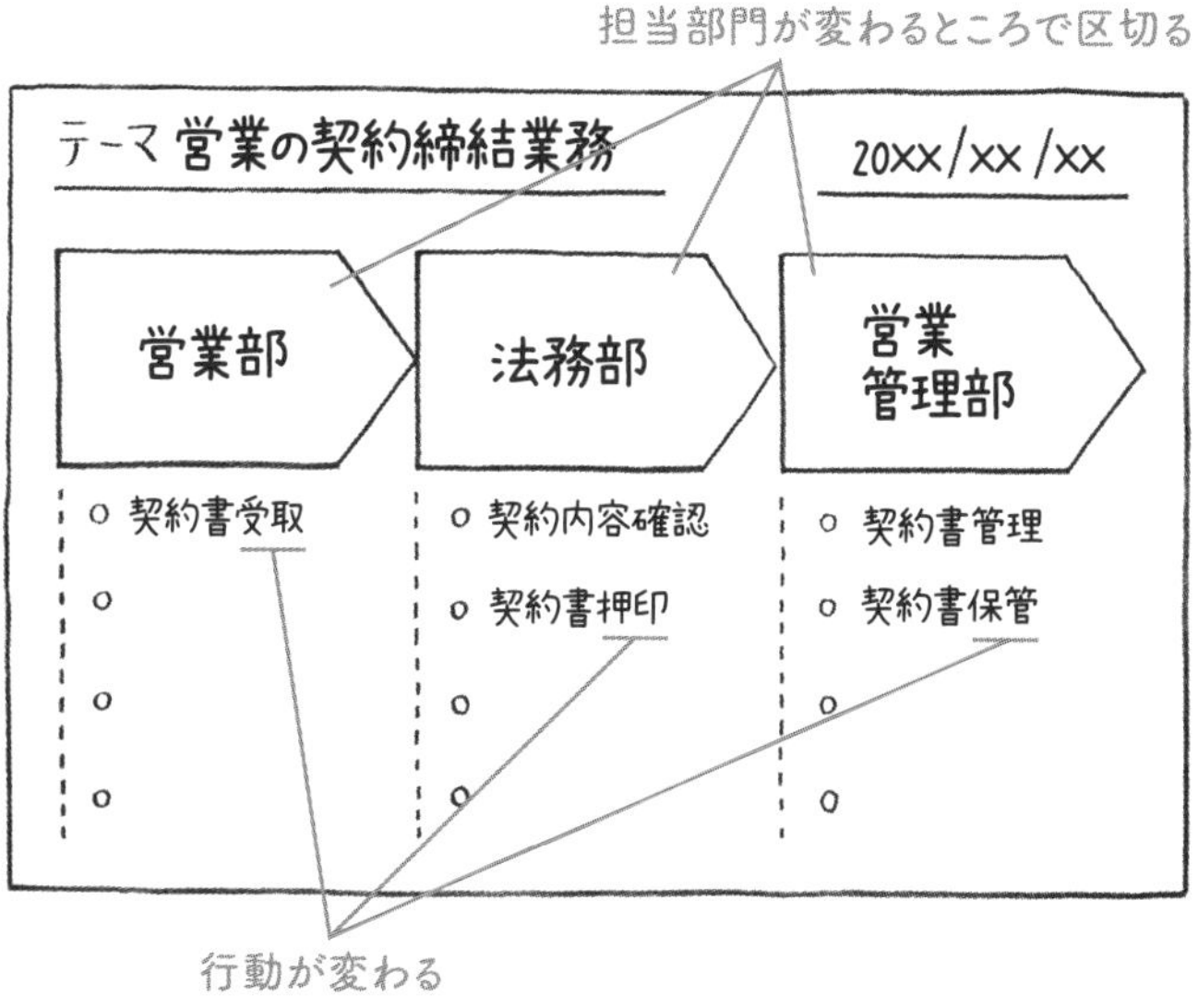
担当部門が変わるところで区切る
テーマ 営業の契約締結業務
20XX/XX/XX
営業部
法務部
営業
管理部
o 契約書受取
o 契約内容確認
o 契約書押印
o 契約書管理
o 契約書保管
行動が変わる

約、契約後」になります。

このように作業の全体像をプロセス型で分解して把握することは、２０９ページにもあるようにマトリックス型の縦軸や横軸にも応用でき、思考の幅をより広げられるのです。

プロセス型ノートのPOINT

✓ワークフローと内容を一緒に
✓プロセスの区切り方に注意

05

フロー型

細部の動きを設定していくフレーム

最後のフレームは、**フロー型です。フロー型のフレームは、ワークフローを可視化する際に使用します。**

ただ、同じワークフローを考えるフレームでも、前項のプロセス型が全体の大きな流れを俯瞰するためのものであるのに対して、こちらのフロー型は「どのタイミングで、誰が、何をしなければならない」という、スケジュールなど**より詳細に仕事を設計していく際に使用します。**

ワークフローを描く際に気をつけること

仕事のフローを描くときに、よく次のワークフローのダメな例のようにイラストの間を矢印が行ったり来たりする図を描く人がいます。このような図だと、それぞれの関係性はわかりますが、時系列がまったくわからないので、誰が、いつ、何をするかが見えてきません。

ですから、次のように時系列に沿ったフロー型のフレームを使ってみてください。フロー型のフレームは、縦軸に登場人物、横軸に時系列を設定します。

フロー型のフレームを使う際に気をつけるべきポイントは、次の３つです。

フロー型のフレームを描く際に気をつけるポイント

1. 登場人物は最初にすべて洗い出し、縦軸に置いておくこと
2. 時間は左から右に流れ、矢印が時系列を戻らないように描くこと
3. 矢印が登場人物をまたぐ場合、情報の受け渡し方法も明記すること

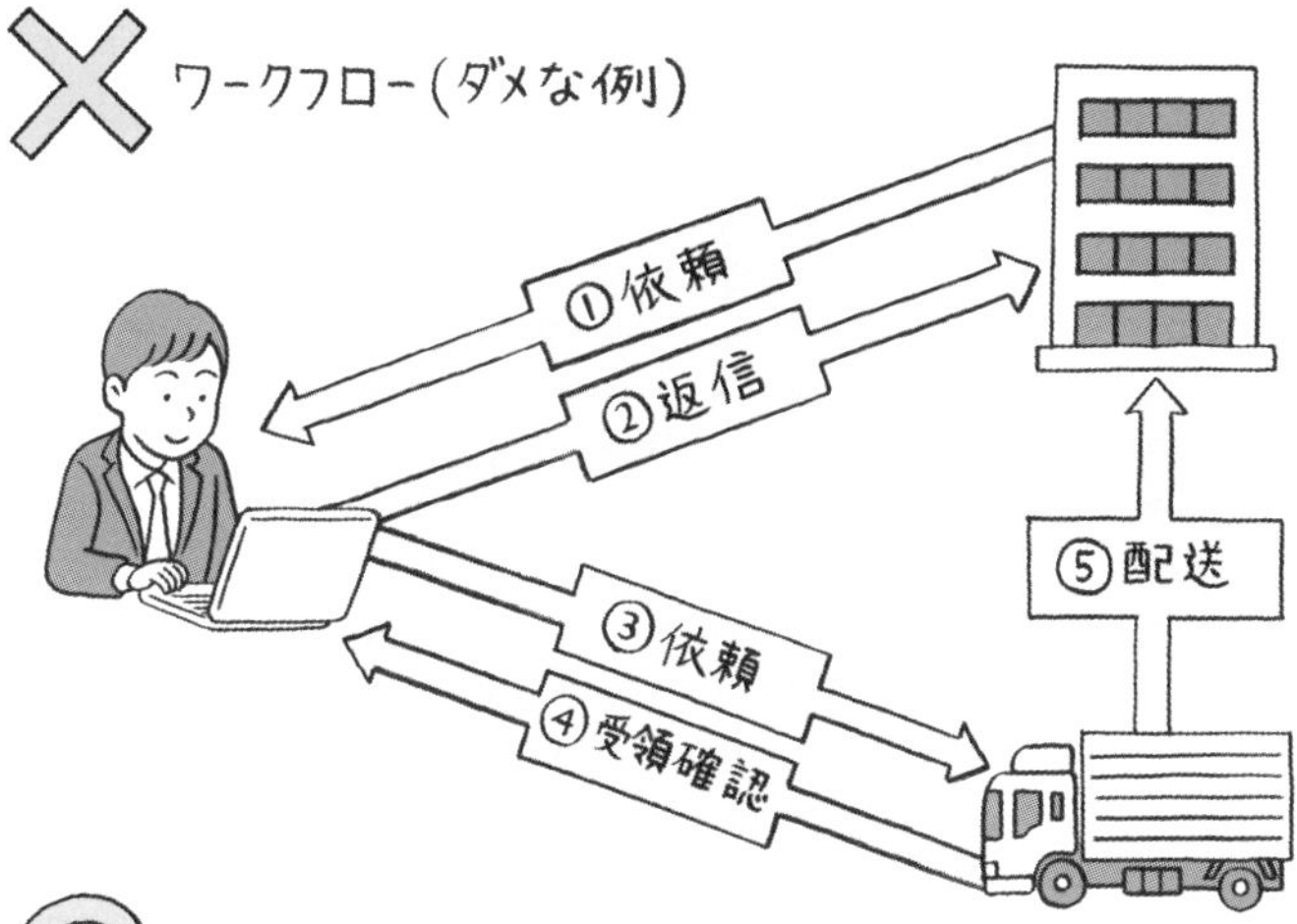
ワークフロー（ダメな例）
①依頼
②返信
③依頼
④受領確認
⑤配送

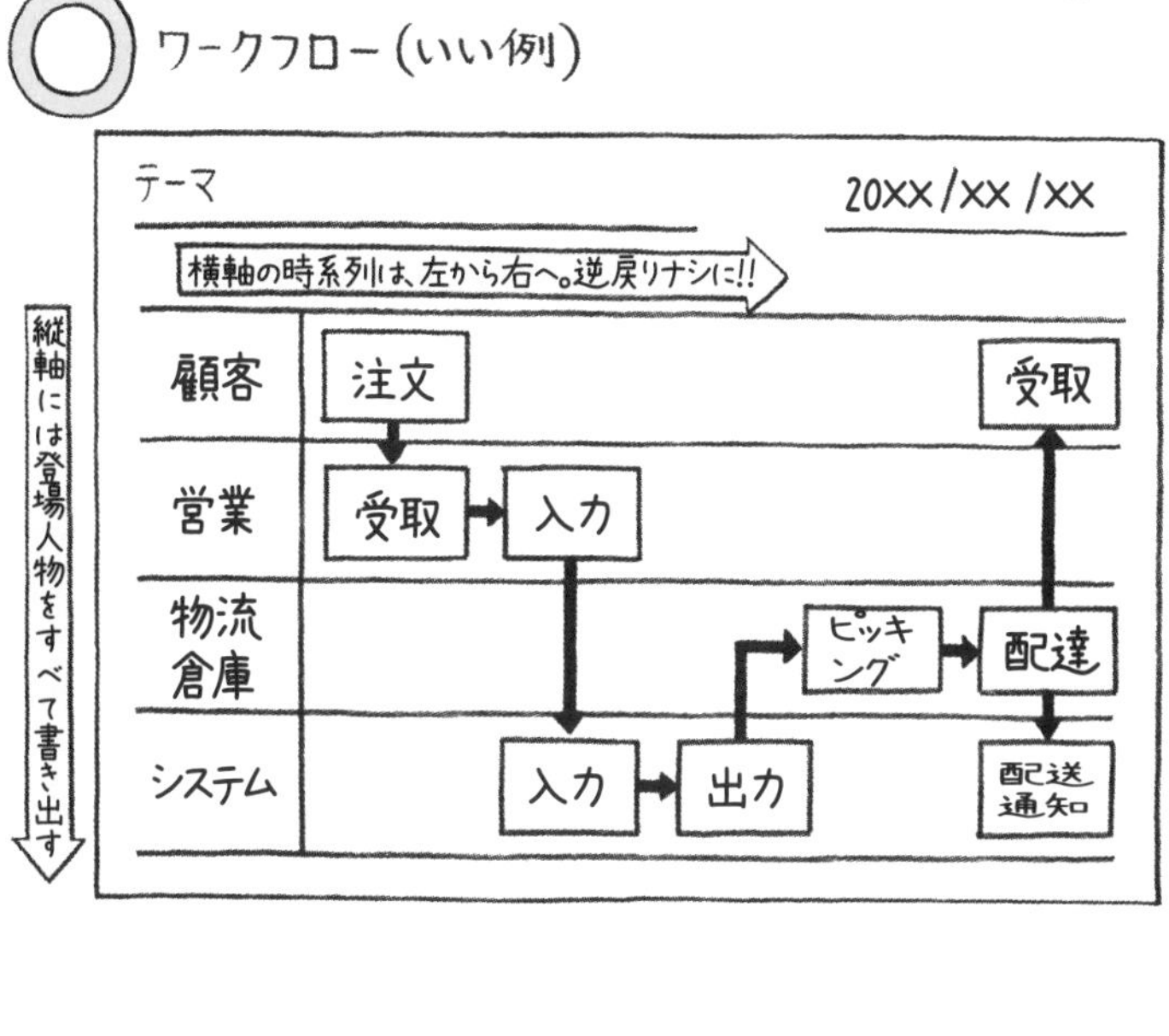
ワークフロー（いい例）
テーマ
20XX/XX/XX
横軸の時系列は、左から右へ。逆戻りナシに!!
縦軸には登場人物をすべて書き出す
顧客
営業
物流倉庫
システム
注文
受取
受取
入力
入力
出力
ピッキング
配達
受取
配送通知

このフロー型の図を作成するにあたって、まず関連する部門／人／システムをすべて洗い出し、縦軸に並べてください。フローを考えながら登場人物を追加していくのは難しいですし、非常に非効率です。

また、本来ワークフローには時系列が存在します。誰がどの順番にワークフローを進めていくのかを明確にするためには、**左から右に時系列を設定し、矢印がその時系列を戻らないように描くことが大切です。**

そして、フロー型フレームにおいて登場人物をまたぐ場合（顧客→営業など）は、そこでのやりとりがメールなのかＦＡＸなのか、紙に印鑑を押して原本を送付しなければいけないのかなど、**やりとりの形式も明確に書いておくと、あとでワークフローをマニュアル化する際にも、とても役立ちます。**

このフロー型は、新しい仕組みや業務などの立ち上げにかなり使えるフレームです。ぜひ何度も描いて、コツをつかんでください。

フロー型ノートのPOINT

✓ 横軸は時間、縦軸は部署や人物
✓ 矢印は時系列をさかのぼってはいけない
✓ 登場人物をまたぐときは情報連携の方法も記載する

CHAPTER 6

コミュニケーションは、「何を話すか」より「どう伝えるか」で決まる

自分の得意なフィールドで実力を発揮するには、
まわりの人とコミュニケーションをとり、
お互いの価値観や仕事への向き合い方、
考え方を知ることで、
信頼関係を築く必要があります。
この章では、「人との関わり方」について
見ていきます。

01

上司を敵と考えるなかれ

○上司のとらえ方で仕事はガラリと変わる

どんな人とどんなふうに関わるかは、自分の力を発揮し、望み通りのポジションに到達するための大切な要素です。人との関わり方で、あなたの仕事や人生のポジショニングも大きく変わってきます。ですから、たくさんの人と出会い、話してほしいと思うわけですが、その第一歩となる最も身近な存在が、実は上司です。

若い人と話をしていると、「上司って、何か話すとダメ出しされそうで近寄りがたい」、「歳が自分の父親ぐらいの上司だと、何を話していいかわからない」、「怒られるんじゃないかとビクビクしてしまう」、「監視されているように感じる」など、上司にネガティブな印象を抱いている人が多いことに気づきます。

ですが、ここで改めて上司との関係を、次のようにとらえてみてほしいのです。

上司との関係

1. 上司は敵ではなく、同じ目標達成に向かって協力する「味方」である
2. 組織を率いるリーダーの考え方に触れることで、自分の視座が上がる
3. 上司と話すことを仕事ととらえず、コミュニケーションととらえる
4. あなたのやりたいことを叶える力になってくれる存在である

上司に心理的な壁を作ってしまったり、腹を割って話せないという気持ちもわかります。しかし、理解を改めてほしいのですが、**上司は敵ではありません。上司とは、同じチームであなたと同じゴールを一生懸命目指している「味方」なのです。**

仕事とは自分一人でするものではなく、チームで動くもの。野球でも、サッカーでもラグビーでも、チームの仲間を信頼しなければいい試合ができないように、あなたの上司も同僚も、同じ目標の達成に向けて互いに信頼し、力を合わせて働く仲間です。「敵だ」と思ってしまったら、相談も協力も何もできません。それでは仕事はうまくいかなくなります。

逆に、上司と信頼しあえる関係性になることができれば、仕事がよりスムーズに進み、なおかつあなた自身がやりたいことができるような評価をもらうこともできるはず。チームであなたの働きを評価するのは、上司であり、この評価が最高の仕事領域《スイート・スポット》を叶えるためのステップにもなるのです。

では、どのように上司と信頼関係を築いていけばいいのでしょうか。

○上司と信頼関係の築き方

上司のことを疎ましく思う人ほど、上司とのコミュニケーションを「人同士のやりとり」ではなく「仕事」ととらえる傾向があります。

一度仕事から離れて、客観的に考えてみてください。上司も人間ですから、友人や家族がいるでしょうし、趣味やプライベートだってあるでしょう。でも、あなたも上司も、お互いのことをほとんど知らないのではないでしょうか。

信頼関係を築くには、まずお互いを知ることが大事です。上司と話すことを仕事と考えず、ちょっとだけ勇気を出して、仲のよい先輩に話すような感じでしゃべる時間を取ってみてください。一緒にランチタイムを過ごしたり、定時後に軽くカフェに行ったりしてもいいかもしれません。もちろん仕事中の15分や30分、1対1で話してもいいと思います。

上司のほうも、あなたがどんな仕事が得意で、今の仕事をどう感じているのか。将来何をしたいと思っていて、そのためにどんなスキルを伸ばしたいと考えているのか、聞きたいことがたくさんあるはずです。

「父親ぐらいの年齢だから話しにくい」と感じてしまうかもしれませんが、それは上司から見ても同じ。世代が離れていると、もちろん文化も違いますし、わかりあえないところもあって当然。ですが、それを踏まえた上で、肩の力を抜いて色々なことを話すことができれば、あなたのよさを上司が見つけて実力を発揮する機会を与えてくれることだってあります。

上司は、あなたがポジションを確立していく過程で、協力者になってくれる可能性が大いにあるということも忘れないでください。

○上司とのつき合い方で「ついていきたくなる人」になれる

若いうちから、組織を率いるリーダー的なポジションにある人たちの話を聞いたり、考え方に触れたりすることは、自分の視座を上げるために非常に有益です。

「会社に雇われている」と考えている人は、「この会社窮屈だな」、「つまらない仕事だよ」などとグチを言うこともあるでしょう。しかし会社のトップ層の視座に立つと、そんなグチは言えなくなります。この会社をよくしていくという責任を担う立場になるからです。

こうした視座は、私たちの仕事に対する意識を一段も二段も上げてくれます。**上司とのコミュニケーションがしっかりとれるようになると、高い視座が自然と持てるようになるのと同時に、仕事を自分ごとだととらえる意識が身につきます。**どんな仕事も自分ごととして取り組む姿勢は周囲にも信頼されて評価され、やがては「人がついていきたくなる人」になっていけるのです。

グチを言う代わりに、自分の思考を変えるほうが得する

スタンフォード大学の研究によると、グチを言うと脳の海馬が縮小することがわかっています。[12] その上、心理学者でもあり神経科学の研究家でもあるスティーブン・パートンによると、一度グチを言い出すと脳に同じようなことでグチを繰り返す回路ができるといいます。[13] 海馬は、問題解決や知的な思考に大きな影響がある脳の領域です。つまり、そもそも**視座の高低にかかわらず、グチは脳の損傷にもつながるため意識的にやめたほうが、人生は好転するということです。**

あなたも飲みに行くと、会社のグチを言ってしまうことがあるかもしれません。僕も友人が自分の会社について「アレもできてない、コレもできてない」とずっと悪く言っているのを聞いて、マイナスのエネルギーがたまったことがあります。「自分が選んだ会社なら、そこにいることを少なからず誇りに思いなよ」と言いたくなったものです。

何も変えるつもりがない人たちが集まって文句を言っても、問題を解決する意欲がなければ無意味です。

注(12) https://news.stanford.edu/pr/96/960814shrnkgbrain.html Stanford University News Service (650) 723-2558 (2021年3月18日閲覧)
注(13) Steven Parton 「The Science of Happiness: Why complaining is literally killing you」 https://curiousapes.com/the-science-of-happiness-why-complaining-is-literally-killing you/ Jul 24, 2016 (2021年3月27日閲覧)

もし、その場の話題がグチっぽくなったとしても、自分でグチを言うことは意識的に避けたほうが賢明。なぜなら、そうしたグチは伝聞形式で必ず会社の誰かの耳に入るものだからです。また、そうした人たちと一緒にグチを言っていても、あなたのやりたいことを実現できるわけではありません。本当にあなたが一緒に時間を過ごすべきなのは、グチを言う人たちではなく、自分の力で環境を前向きに変えていこうという人たちであるべきです。

もし、**どうしても会社に不満があったり、他人にグチが言いたくなったら、解決思考で考えてください。**

解決思考の例

1．何が不満なのかを具体化
2．その不満を解消するために必要なものは何か？
3．必要なものが明確になったら、いつまでにそれをやるのか？
4．「今考えた通りに行動したら、必ず不満はなくなる！　さあ、やろう！」

と必ずポジティブに終わらせる

グチは自分の信頼を落とすだけの行為ですから、「なんでうちの会社はこうなんだ」と言う代わりに、これからは「うちの会社をどうやったら変えられるんだろう」を口グセにして、解決に向けて考えていきましょう。そして、「こうやっていけば解決できるんじゃない？　やってみない？」というように前向きに言い換えてください。

こうした会話を通じて、互いを切磋琢磨《せっさたくま》して高め合えるような前向きな仲間を見つけ、力を合わせて環境をより良く変えることは、あなたの人生をも好転させるはずです。

02

わからないことは、わかるまで聞こう

わからないことを、わからないまま放置しない

上司や先輩に仕事を教わるとき、上司の話の内容があまり理解できなかったのに、質問できずにやり過ごしてしまった経験がある方は多いのではないでしょうか。似たようなケースで、聞いた当初はわかったつもりでも、後で理解が不十分だったと気づき、今さら聞きづらいといったこともあるでしょう。

質問はコミュニケーションを成功させるためのカギです。仕事でわからないのにわかったふりをすると、将来的にその影響は自分だけではなく、その仕事に関わっている周囲の人たちにまで及びます。

本当はきちんと聞かなければ仕事が進まない……それでも再度質問できない理由は大きく次の通りです。

わからないことを再度質問できない理由
1. 上司や先輩が怖い、もしくは時間をとって悪いと感じてしまう（萎縮）
2. わからないこと／質問すべきことがわからない

ちなみに僕は、後輩との間で「わからないことがあったら、いつ聞いてもいいし、何回聞いてもいい。逆にわからない状態で先に進もうとしないこと」というルールを作って、質問しやすい環境の構築に努めています。

自分が何をすればよいのかわからない場合は、きちんと理解するまでしつこいくらいに質問するほうが、最終的にはみんなが幸せになれます。上司や先輩もそれをわかっていれば、質問をしたぐらいで怒ることなどないはずです。ですから「怒られるのではないか……」という不安で萎縮する必要はありません。逆に、質問をしないでわからないまま仕事を進めると、それこそ本当に怒られるでしょう。

また、話を聞いてすべてを理解できなかった場合、重要になるのが質問の仕方です。

教える内容をプロセスごとに分けて話す

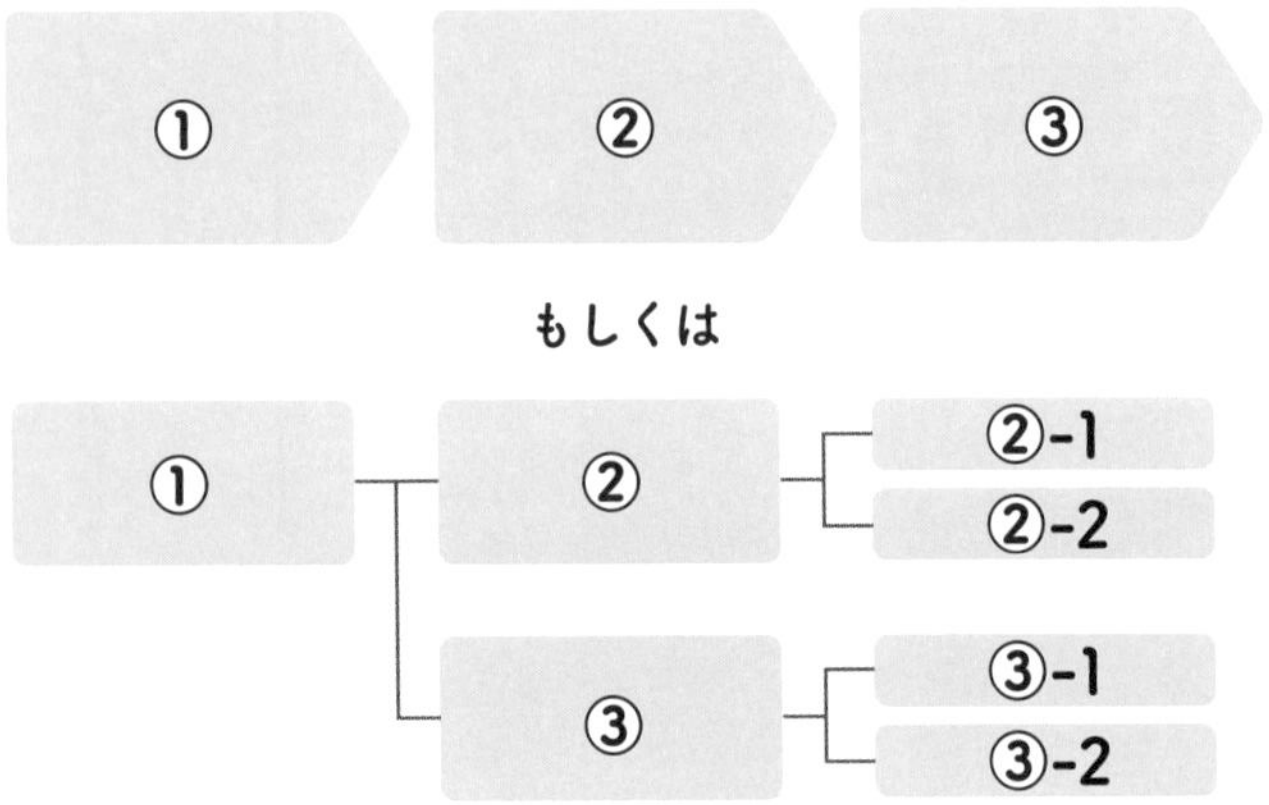

もし「わかった」、「わからない」という0か100かで返してしまうと、相手は「もう一度、1から話さなくてはいけないのか?」と困惑することになります。ですから、**2回目以降の質問は「ここまではわかった」、「ここからがわからない」という境目をハッキリさせることが重要です。**

この境目をハッキリさせようとすると、教える側がまず内容を項目別に分けておく必要があります。プロセス型の図（215ページ）を使い、まずは大きなプロセスの全体像を見せた上で、各プロセスについて話をしていくと、教えてもらう側がわからないときに、どこがわからないのかを明確に指摘できます。

教える側も、教わる側も、「今全体の中のどこの部分の話をしているのか」を意識・理解しながら話すことで、より理解を深められるはずです。

「わからない」を認めてあげよう

こんなことを書きながらも、僕も20代の頃、当時新入社員だった後輩に「同じことは3回聞くなよ」と偉そうに言っていたことがありました。20年たった今では、その後輩と、「あのときは本当に悪いことをしてごめん」、「ほんとですよ、あのときはほんとに怖くて、きちんと理解しないといけなかったことを聞けなかったりしましたから」などと言いあえるようになりましたが、当時は本当に最悪な対応をしていたと反省しています。

当時の僕は「自分の説明は完璧で、わからないのは相手が悪い」、「何回も教えるなんて、後輩を甘やかしてはいけない」と本気で思い込んでいました。

説明が伝わらないのは、往々にして情報の受け手の問題ではなく、情報の伝え方が悪いことがほとんど。それなのに、自分のことを棚に上げて「何回も聞くな」だなんて、何を勘違いしていいたんだという話です。このような指導する側の勘違いは僕の話にとどまらず、多くの会社で起きている光景です。

本当に目指すべきチームのゴールは、後輩に早く仕事を理解してもらい、力を合わせて売上を増やしたり、プロジェクトを完遂したりすることです。その本質をとらえず、後輩に過剰に厳しくすることで「時間がかかっても後輩が自ら成長するのを期待する」、「ついてこれなかった場合は彼らの努力不足として叱責《しっせき》する」という手法を取るのは、まったくゴールに近づかないアクションであり、時代遅れもはなはだしいと言えます。

僕の社会人人生を振り返ってみても、**怒ったり、叱責することで上手くいったことは、ただの一度もありません。**このやり方は絶対に間違っていると言えますし、もし部下や後輩にそうした接し方をしているのであれば、今すぐに見直すべきです。

「自分が何度も同じことを聞いている」というのは、教えてもらう側が一番よくわかっています。それでも、仕事をきちんと遂行するために勇気を振り絞って上司や先輩に聞いてきているのです。ですから彼らのその勇気をきちんと理解してあげた上で、怒るかわりに、わかるまでしっかりと教えてあげてください。

03

コミュニティで自分の多様な面を発見しよう

人脈は自分を変えるきっかけになる

最近、新しい友達ができましたか？

大人になって働き出すと、家と会社以外の人とのコミュニケーションが少なくなり、なかなか新しい友達を作るのは難しいもの。そして家と会社以外に人と交流できる場所を持たないと、どうしても人脈が硬化してきます。

そんな状況を打破するために、リアルの集まりでもオンラインの集まりでもいいので、社外のコミュニティに所属して、新しい人たちとの関係を作ってみてください。

なぜかというと、**あなたが活躍できるポジションは、出会いによって人生が変わるほど大きな影響を受けるからです。**

社外のコミュニティに所属するメリット
1. 今までの環境では出会えなかったであろう、新しい人と出会えること
2. 新しい人から刺激を受けて、行動が変わるきっかけになること
3. 同じような日々が繰り返される人生から脱却できること

特に立ち位置チャートで「優秀な不幸者」や「空回りの苦労人」の領域に属している人は、日頃会社での仕事に楽しみを感じられないことが多いと思います。まずは、社外に目を向けて新しい人脈を求めてみてください。仕事や人生を変えるきっかけになります。新しい人と会うことで、楽しいだけではなく、人生が新しい展開に向かって進み出すはずです。

人脈で人生は180度激変する

僕はよく、「新しい人に会うだけで、そんなに人生って変わるものなんですか」と

聞かれますが、これは本当に大きく変わります。**自分が持っている経験値だけで考えてもなかなか見えてこない自分のやりたいことが、新しい人たちの経験値が重なることによって、よりクリアに見えてくるからです。**

僕自身も新しい人と会うことで、大きく人生が変わる経験をしています。それまでの僕の生活は、家と会社の往復で、たまに飲みに行くのも会社の同僚と一緒。会話の内容も毎回似通っており、同じような日々の繰り返しになっていました。当時の僕は40歳。人生が停滞しているのは自分でも感じていて、変化も刺激もない毎日に内心焦っていました。

「自分はこんなふうに人生を終えていいのか?」

「変わらなきゃ……」

「でもどうやって?」

さまざまな思いが交錯しながらも、何もできないまま過ごしていました。

そんな折、妻が自分で探してきたコミュニティに入り、そこでさまざまなイベントに参加するようになったのです。妻のSNSの友達も目を見張るスピードで増えていき、毎日のように誰かと会ってものすごく楽しんでいる様子。そんな妻を横目で見て、

「うらやましい」と思いながらも何も行動しない僕に、妻が一言、
「あなたもこのコミュニティに入りなよ、人生変わるから」

こうして半ば強制的にコミュニティに入り、妻と一緒にしぶしぶイベントに参加した僕は、目から鱗が落ちるような経験をしました。

正直なところ、当時の僕は40歳過ぎて新しい友達なんてもうできないと思っていたのです。しかしそんな思い込みはたった1日で覆されました。イベントに参加した人たちとの交流や、その後の懇親会を経て、「楽しかった！　またこのメンバーに会いたい！」と感じたのです。

「こんな純粋な気持ち、どれくらいぶりだろう。こんなに簡単に友達ができるなんて、今朝は想像もしていなかった……」と驚いたのを覚えています。こんなにも簡単に、人とのつながりは増やせるものなのです。

さらに、そのコミュニティで知り合った友人たちから「自分の考えを発信する場を持つべき」と学び、ブログを書き始めました。おかげで「自分は文章を書くことがこんなに好きだったんだ」と気づき、さらに人生が豊かになりました。

また、その友人たちから「転職は悪いことではない、むしろ人生を好転させるには

必要だ」ということを学んだことで外資系への転職にチャレンジしたり、電子書籍を10冊以上出している友人に「これだけの文章が書けるなら、電子書籍を出してみたら?」と背中を押されたことで、電子書籍を出版することにもなりました。

こうした転職、ブログ、電子書籍が絡み合って、その後の紙での書籍出版につながってきているのですから、本当に人生何が起こるかわかりません。ただ、ひとつだけ言えるのは、そのコミュニティに属していなければ、僕はくすぶっていたあの頃から、何ひとつ変わっていなかっただろう、ということです。

人のつながりというのは本当に不思議で、人と人が会うことで生まれる相乗効果は、自分でも想像できないぐらいのパワーがあります。また、そうやって僕の人生に影響を与えた友人たちが昔からの知り合いかというと、そんなことはなく、ここ数年で出会った新しい人たちだったりするのです。

でも、普通に生活をしていて、全く知らない人とつながることはあんまりないことですよね。ですから、無理やりでも人とつながろうとしてみてください。

たとえば、みんなで美味しいもの食べたりとか、共通の趣味を楽しもうとか、ちょっと探してみるだけでも、そういうイベントはいっぱいあります。そういうものに飛び込んでみるだけでも、今までと違った人生が楽しめるでしょう。何か新しい出会いがあるかもしれません。生涯の友や、将来の伴侶がいるかもしれないのです。

出会いはどこに転がっているかわかりません。ですから、**人との出会いの場には、できるかぎり足を運んでみてください。「とにかく人には、会えるときに会う」ということを自分で決めて動いてみると、将来よかったと思える日がくるはずです。**

そして、もし新しい出会いの場に出かけていったときは、できるだけ「最高の仕事人《スイート・スポッター》」に属しているような人たちと積極的に交流してみてください。会う人によって自分のレベルも上がります。なんといっても、人を巻き込むほどのパワーを持っている人が多いので、きっと大きな学びがあるでしょう。

そして、以前の僕のように「人生がつまらない繰り返しになっている」と感じている人たちに、ぜひこうした活動を通じて「日々忙しくて忘れちゃってたけど、人生ってもっと楽しんでいいんだったな」と思い出してもらいたいのです。

04

人脈作りは「自己開示」から

名刺交換だけで「人脈」と考える地雷

コミュニティに属して新しい人とつながろうというのはわかるけれど、新しい人とつながるのはなかなか難しいとか、声をかけたとしても何を話していいか考えてしまうという人もいるでしょう。

たしかに名刺交換や簡単な自己紹介をしただけでは、つながりとは言えません。新しく出会った人たちと本当の意味で仲良くなっていくためには、まずその人たちがどんなことに興味があり、どのような趣味を持っていて、どんな価値観で、どんな仕事をしていて、どのような目標を持って生きているのかなどを知る必要があります。

ですが、相手からそうしたことを教えてもらうためには、**まずは自分からそうした内容を自己開示することが重要です。**

自己開示をしたがらない人との会話は次のようになってしまいます。

A「どんなお仕事されてるんですか」
B「サラリーマンです」
A「どんな関係のお仕事なんですか」
B「IT関係です」
A「そうなんですね、そこでどんなことされてるんですか」
B「SEです」

たしかに間違ってはいないのですが、はじめの「サラリーマンです」といった回答は、「どこ出身ですか」と質問して「日本です」って答えてるのと同じようなもので、あまり会話として成立していません。

こうした回答をする人は、もうちょっと共通の話題はないかなと深掘りをしても、「ITです」、「SEです」と一問一答形式になってしまい、どの質問も、あまり会話が広がらないのです。話を振った側も、「この人は、初めて会う人にあまり自分の詳細を言いたくないいか、心を開きたくないということなんだろうな」と感じ、「じゃあこちらも同じレベルの開示でいいいか」と思ってしまいます。結果、その人とは仲良くなれなかったりするわけです。

「自己開示が必要とはいえ、どこまで自分を出していいものか難しい」という意見もあるでしょう。そのときは、**「自分が相手に話を振った際に、ここくらいまでは話してもらえたら嬉しい」というラインまで自分の話をすればいいのです。**

「自分はここまでなら自己開示できます」というのは、「相手からここまで自己開示されたら、相手への信頼度が上がります」ということの裏返しです。同じコミュニティに集まってきている人たちは、たいてい何らかの共通点を持っているものですから、相手が求めている自己開示の深さがわかった上で話をすることができれば、お互いの間に信頼感が出てきてコミュニケーションが築けます。

相手へのリスペクトがあって、初めてスタートライン

先日、大学生の友人から「大学のなかでも人気で競争率が高いゼミに入りたいと思っているんですが、どう面接対策をすればいいですか?」という相談を受けました。

彼が入りたいのは、大学内で数あるゼミのなかでも指折りの就職実績が高いことで有名なゼミで、そのため人気も倍率も非常に高く、狭き門だということでした。

ところが、そのゼミへの彼の志望度を感じるために、どうしてそのゼミに興味を持ったのかを質問したところ、「そのゼミの教授が企業と強いパイプを持っていて、就職実績がいいからです」との答えが返ってきたのです。

もし、この答えをゼミの教授が聞いたら、そのゼミには絶対入れてもらえないでしょう。もちろん僕が面接官でも絶対落とします。

この受け答えは、恋愛にたとえると、告白した際に、相手から「私のどこを好きになってくれたの?」と聞かれて、「実家がお金持ちだから」と答えるのと同じレベル。

これは「相手」のことをまったく見ず、「自分の利益」だけを考えているのが丸わかりの最悪な回答です。

人の心というのは、自分に興味を示してもらってはじめて動くもの。ただ単に「僕はこのゼミに入りたいんです！」と100万回言ったところで、相手の心には響きません。一方的に自分の気持ちだけを押し付けても、相手には届かないのです。

そしてゼミの面談でも、恋愛でも、自分の気持ちを人に届ける方法は同じ。「この人、ちゃんと自分に興味を持ってくれているな。しっかり見てくれているな」と相手に感じてもらえて、はじめてスタートラインに立てるのです。

ゼミの面接に話を戻すと、ゼミには教授がおり、その教授が教えているテーマがあります。ですから、少なくともゼミを志望する前提として、その教授の研究や考え方を知っておく必要があるはずです。

僕は彼に、「まず志望しているゼミの教授の執筆した本や論文を読むこと。その上で、わからないところにチェックを入れて、自分の意見も添えた上でその教授に質問しに行くこと」をアドバイスしました。

アドバイス通り、彼はその教授の論文を読破したあと、教授のもとを訪れ、「自分はこう考えるのですが、なぜこちらの結論になるのですか」と質問を投げかけると、教授は「あの難しい論文を、学生なのにここまで考えて読んでくれたのか」と感心し、2時間以上も彼とそのテーマについて議論をしてくれたそうです。

そして面接本番。ほかの学生たちとは10分ほどの面談でしたが、彼とは1時間以上、論文の内容について熱く話をし、結果、ゼミへの参加を歓迎してくれたということです。

人の心を動かすためには、相手の考えに対して「自分がどう考え、どう感じたか」をしっかりと自分の言葉で伝えることが欠かせません。「自分のことをこんなにも理解しようとしてくれている」という努力や意思を相手に感じたとき、人は心動かされるものです。

逆の立場に立った場合を想像すれば、よりわかりやすいと思います。「あなたの考え方や仕事の仕方、人生に興味があります。色々と教えてください！」と真摯《しんし》に伝えられたら、誰だってうれしいもの。「そこまで考えてくれているなら、力になりたい」と思ってくれるでしょう。あなたが将来、最高の仕事領域《スイート・スポット》で実力を発揮するためには、こうして自分の思いをきちんと相手に伝え、信頼を得ることが必要になるのです。

05

リモートワーク時代に人を動かす「在宅」と「出社」の使い分け

相手の資質を知ってポジショニングに活かす

前項で、「社外のコミュニティに所属して新しい人とつながるためには、自己開示が必要だ」と書きました。一方、社内で仕事も含めた信頼関係を築くためには、さらにお互いの資質を知ることがより重要となります。

1章で「ロールプレイングゲームだと、戦士と魔法使いの適性の違いは誰の目にも明らかだが、現実はゲームと違って、それぞれの適性が誰にでも見えるわけではない」とお話ししました。社外のつながりだと、お互いが楽しければいいという関係でも上手くいきますが、仕事を含めた信頼関係を社内で築こうとすると、どうしても仕事の出来／不出来が関係してきます。

日本の企業は、あらゆることをオールマイティーにこなすことを社員全員に求めすぎる印象があります。しかし本来、数字に強い人もいれば、前面に出るよりもサポートが上手な人もいますし、対人交渉に強い人もいて当たり前なわけです。こうした適性を上司や同僚がきちんと理解して仕事を振ってあげないと、仕事とスキルのアンマッチで部下が苦しむことになります。

もちろんそうした仕事を振らざるをえないケースもあるでしょうが、相手に合わないことをわかって仕事を振るのと、理解せずに振るのとでは大きな違いがあります。たとえば、ミスがあったときに「あー、やっぱ合わない仕事は難しかったか」と許容するか、「ミスしやがって！　もっとちゃんと見ろよ！」と怒ってしまうかは、仕事を振った相手の成長や信頼関係の醸成に大きく影響します。

また、部下や後輩を育成する際も、ホメてホメてホメちぎって伸びる人もいれば、同じくらいの実力のライバルをそばに置いて競わせることで伸びる人もいます。これも、それぞれの資質によって何が一番効果的かは様々です。上司と部下だけでなく、同僚との接し方にも同じことがいえます。その人の物事のとらえ方に応じて伝え方を変えるほうがうまくいきます。こう考えると、**仕事において「相手の資質を知る」ことは、仕事を円滑に進めやすくするのに重要なことだとわかるかと思います。**

顔を合わせられるときは信頼関係の構築に注力しよう

少し前までは、「仕事は実際に顔を合わせないと進まない」という考えが主流でした。しかし、近年の働き方改革に始まり、勤務場所が選択できるところまで、私たちの働き方は様変わりしました。多くの企業で在宅勤務がスタンダードとなり、会社にいてもいなくても、個々人が自分の能力を使って仕事をしていくというスタンスが当たり前になりつつあります。

在宅でも仕事が進められるようになると、今度は「顔を合わせることには意味がない」ととらえる人もいるかもしれません。しかし、やはり顔を合わせて話すことも重要です。その意義は「信頼関係をつくること」だと僕は考えています。その人の雰囲気や、フィーリングが合うかどうかは、対面してみないとわからないことが多いため、信頼関係を築ける相手というのは、実際に対面して言葉を交わした人になることが多いでしょう。

仕事では、信頼関係があればもちろんそれに越したことはないですが、仮に信頼関係がなくても、タスクと締切が明確であれば最低限の仕事は進められます。リモート会議でも、業務のやりとりだけが目的だったら、顔出しせずに音声だけで対応しても問題なく進行できます。

直接顔を合わせて培った信頼関係が大きな違いを生むのは、無理をお願いするときです。「こいつが頼んできてるんだから仕方ないな、やってやるか」と思ってもらえるかどうか、ここがまさに信頼関係が左右する問題に関わってきます。

大事なのは「業務を進めること」と「コミュニケーションをとって信頼関係を築くこと」を完全に切り分けることです。たまに会社に行くときには、自分の作業はできる限り後回しにし、信頼関係づくりに注力、できるだけ多くの人と会話をすることを心がけるようにしてみてください。

僕がこの方法を実践し、円滑に仕事が進むようになったのは言うまでもありませんが、面白いのは、普段の業務よりもコミュニケーションを重視したほうが仕事が進むようになったことです。

ですから**働き方が変わっても、人と顔を合わせてコミュニケーションできる時間はできるだけ確保するように努めてください。その時間に仕事自体は進まなくても構いません。**仕事は家に帰ってからでもできますが、直接顔を合わせてのコミュニケーションは、そのタイミングでしかとることができない貴重な時間なのです。

おわりに

多くの方が人生の時間を費やすのは「仕事」です。本書では、悩みや問題を抱えることなく、自分が得意で好きなことを活かせる「最高の仕事領域《スイート・スポット》」にどのように到達するかという視点から述べてきました。

特に今苦しんでいる人たちは、自分に合わないところにいることにすら、気づいていない人も多いのではないかと思います。自分の頑張りが足りないからだと自らを責め、知らないうちに泥沼にハマっているのではないでしょうか。

そうした方々が本書を読んで、「まず自分がいる場所を変えなければいけないんだ」と気づいてくださるだけでも価値があると考えています。

僕が本書を通じて伝えたかった思いは本当にこの一点で、自分に合わない場所で苦しんでいる人を一人でも減らし、皆が最高の仕事領域《スイート・スポット》である「自分が働きやすく、もっともパフォーマンスを出せる環境」に少しでも近づいてほしい、ということでした。

とはいえあなたが置かれている状況は、まわりの人から見ると非常によく把握ができる一方、あなた自身からはなかなか見えにくいもの。

ですから、自己理解のカギとなる4分割ノートを作成し、立ち位置チャートでその対処法を見ながら、ぜひ自分自身のことを深く見つめ直してみていただきたく思います。

このプロセスを通じて自己理解が進めば、あなたの人生も、最高の仕事領域《スイート・スポット》に向かって大きく前進できます。この本の内容を実践してくれた方の中には、「もがいても結果が出せないところで、苦労して頑張り続けることを『仕事』というのだと勘違いしていました」という方や、「仕事を楽しめて、結果まで出せるような、そんな世界が本当にあったんだ」と信じられないような顔をする方もおられました。

この方たちのように、本書を読み終えた後に、「仕事とは苦しいもの」、「苦しくないと成長しない」、「大変なことの対価としてお金をもらう」という考えは間違っていたんだと気がついてほしい、僕はそう強く思っています。

あなたが本書を読んで「最高の仕事領域《スイート・スポット》」のある人生への第一歩を踏み出すきっかけをつかんだならば、ぜひまわりの人にもその気づきを教えてあげてください。

あなたがまわりの人と一緒に環境を変え、人生を変え、もっともパフォーマンスを出せる輝ける場所・最高の仕事領域《スイート・スポット》で大きく咲き誇れることを心から願っています。

２０２１年５月　寺澤伸洋

［著者紹介］

寺澤 伸洋（てらさわ のぶひろ）

1976年大阪府生まれ。灘高校、東京大学経済学部を卒業後、日系メーカーで17年間勤務。経理、営業、業務改革、Web企画、マーケティング、経営企画と多様な部門を経験し、半年間のイギリス留学後に現職に転職。
2016年から3年半書きためたブログをもとに、2020年より書籍の執筆を開始。著作に『40歳でGAFAの部長に転職した僕が20代で学んだ思考法』、『4時間のエクセル仕事は20秒で終わる』がある。

STAFF
イラスト／白井 匠（白井図画室）
カバー・本文デザイン／吉村 朋子
編集協力／山本 貴緒
　　　　／中野 健彦（ブックリンケージ）
DTP／プリ・テック株式会社
校正／麦秋アートセンター
制作進行／岩尾 良

編集担当／後藤 明香

「最高の仕事領域《スイート・スポット》」をみつけよう！
GAFA部長が教える 自分の強みを引き出す4分割ノート術

発行日　2021年5月15日　初版第1刷発行

著者　寺澤 伸洋
発行者　竹間 勉
発行　株式会社世界文化ブックス
発行・発売　株式会社世界文化社
〒102-8195　東京都千代田区九段北4-2-29
電話　03-3262-5129（編集部）
電話　03-3262-5115（販売部）

印刷・製本　中央精版印刷株式会社

ISBN 978-4-418-20606-3